21세기 사상의 최전선

21세기 사상의 최전선
전 지구적 공존을 위한 사유의 대전환

이감문해력연구소 기획
김환석 외 21인 지음

이성과감성

차례

9	들어가며 김환석	21세기 사상의 최전선에서는 무슨 일이 벌어지고 있는가?
19	브뤼노 라투르 김환석	인간만이 사회를 구성하는가?
31	도나 해러웨이 황희선	지구에서 어떻게 삶의 지속을 추구할 것인가?
43	메릴린 스트래선 차은정	전체론으로는 왜 세계를 파악할 수 없는가?
55	프리드리히 키틀러 유현주	매체는 인간의 인식을 어떻게 바꾸는가?
67	필리프 데스콜라 박세진	자연과 문화의 대립 바깥에는 어떤 세계가 있는가?
79	나이절 스리프트 송원섭	도시는 물리적 관계로만 이루어지는가?
91	지크프리트 칠린스키 유시 파리카·정찬철	올드 미디어는 어떻게 뉴 미디어와 연결되는가?
103	애나 칭 노고운	비인간 생물은 역사의 주인공이 될 수 있는가?

115	로지 브라이도티 김은주	포스트휴먼은 어떻게 지구 행성의 새로운 유대를 만드는가?
127	캐런 버라드 임소연	페미니스트 과학자는 낙태를 어떻게 보는가?
139	제인 베넷 김종미	호수와 나무에도 법적·정치적 권리가 주어져야 하는가?
151	아네마리 몰 서보경	현대 의학은 질병을 어떻게 실체화하는가?
163	세라 와트모어 최명애	콩은 인간의 작물 재배와 소비에 어떻게 개입하는가?
175	뱅시안 데스프레 주윤정	인간과 동물은 어떻게 함께 사유하는가?
187	볼프강 에른스트 정찬철	디지털 미디어는 어떻게 인간의 시간성과 기억 방식을 바꾸는가?
199	스테이시 앨러이모 김종갑	물질의 행위는 몸에 우발적 영향을 끼치는가?
211	브루스 브라운 김숙진	도시는 동물 없는 인간만의 공간인가?

223	캉탱 메이야수 엄태연	인간은 인간 이전의 세계를 사유할 수 있는가?
235	그레이엄 하먼 이준석	인간과 비인간을 객체로 일원화할 수 있는가?
247	티머시 모턴 이동신	지구 온난화는 자연의 문제인가?
259	에두아르도 콘 차은정	생명은 어떻게 사고하는가?
271	웬디 희경 전 김지훈	컴퓨터 네트워크에서 통제와 자유는 어떻게 공존하는가?
283	유시 파리카 심효원	디지털 기기는 어떻게 지구를 황폐화하는가?
295	그레구아르 샤마유 김지훈	드론은 어떻게 전쟁의 전통을 교란하는가?
307	제이미 로리머 최명애	지구의 미래가 불확실한 시대에 자연을 어떻게 보전할 것인가?
319	저자 및 작가 약력	

일러두기
1. 『21세기 사상의 최전선』은 2019년 9월부터 2020년 3월까지 《문화일보》에 연재된 동명의 기획 시리즈를 전체적으로 보완해 묶은 책이다.
2. 인·지명 및 외래어는 국립국어원 외래어표기법에 따라 소리 나는 대로 표기했다.
3. 단행본은 겹낫표(『 』)로, 시, 기사, 논문은 홑낫표(「 」)로, 신문, 잡지, 학술지, 음반, 전시는 겹꺾쇠(《 》)로, 영화, 텔레비전 시리즈, 노래, 만화는 홑꺾쇠(〈 〉)로 표시했다.
4. 저서 제목은 원칙적으로 번역본을 따르되 일부 예외를 두었다. 번역본이 없는 저서는 원제를 우리말로 옮겨 적었다. 사상가별 주요 번역본 정보는 별도로 정리해 부록으로 실었다.

들어가며

＊

21세기 사상의
최전선에서는
무슨 일이
벌어지고 있는가?

＊

김환석

들어가며

2018년과 2019년 양 해에 걸쳐 북반구를 강타한 폭염은 재난으로 간주될 만큼 극심하고 피해도 컸다. 기상학자들은 폭염이 일회적·예외적 사건이 아니며 앞으로도 계속될 것이라고 예측한다. 최근 벌어지는 이상 기후가 자연 과학자들이 1990년부터 경고해 온 전 지구적 기후 변화에 속하기 때문이다.

보통 재난은 발생 원인에 따라 자연 재난인 '재해'와 인공 재난인 '인재'로 구분한다. 그런데 오늘날 기후 변화는 재해로 봐야 할지 인재로 봐야 할지 매우 애매하다. 인간이 발생시킨 온실가스가 주된 원인이라고 알려져 있기 때문이다. 어쩌면 이제 지구에서 벌어지는 재난을 이분법적으로 구분하기 곤란해졌는지도 모른다. 마찬가지로 자연의 세계와 인간의 세계를 확고히 분리하는 기존의 근대주의적 사유도 큰 도전에 직면했다. 인간 탓에 생겨난 전 지구적 기후 변화는 자연 과학의 대상인가, 아니면 인문 과학의 대상인가?

기후 변화만이 아니라 오늘날 우리 삶을 좌우하는 많은 사건이 근대주의적 사유와 그에 기초한 자연 과학/인문 과학 이분법에 대해 동일한 문제를 제기한다. 미세 먼지, 에너지 위기, 식품 및 농업 위기, 플라스틱 쓰레기, 인수 공통 전염병, '4차 산업 혁명'으로 불리는 과학 기술의 변혁 등은 모두 '하이브리드적' 현상의 일종으로, 자연/사회, 비인간/인간의 이분법에 기초해서는 더 이상 제대로 이해하거나 해결할 수 없기 때문이다.

대체 인류는 왜 이런 상태에 처했을까? 21세기 사상은 근대주의적 사유에서 벗어나지 못한 20세기 사상이 외면하거나 크게 관심을 두지 않았던 이들 문제를 진지하게 탐구하며 출현했다. 21세기 사상은 인류가 자연 세계와 동떨어진 채 인간들끼리의 세계에서만 살아오지 않았다는 사실을 명확히 인식한다. 또한 인류가 다양한 비인간 사물들과의 관계, 즉 하이브리드의 세계 안에서 삶을 영위해 왔음을 분명히 자각하고 이에 대해 본격적으로 사유한다.

    예컨대 1940~1960년대 서구 사회 과학 분야에서 지배적 영향력을 발휘했던 기능주의와 구조주의는, 사회가 안정된 체계 또는 구조로 이루어져 있다고 보고 이를 구성하는 요소들의 유기적 관계가 어떻게 사회의 통합과 질서를 나타내는가를 과학적으로 설명하는 데 치중했다. 그러나 이 패러다임은 전후 자본주의의 장기 호황이 끝난 뒤 베트남전의 발발과 이에 영향을 받은 68혁명의 발생으로 설명력을 잃고 쇠퇴했다. 1970년대에는 그 대신 사회의 갈등과 변혁을 중요시하며 이를 계급 투쟁의 역사 유물론적 관점에서 설명하는 마르크스주의가 큰 영향력을 발휘했다. 사회 운동이 잦아든 1980년대에는 마르크스주의가 쇠퇴하고 포스트구조주의와 사회 구성주의가 대두했다. 사회를 일종의 언어적 구성물로 보고 다양한 의미 해석을 통해 사회 현상을 설명하려는 '언어적(문화적) 전환'이 지배적 패러다임이 된 것이다. 하지만 이런 접근이 사회 현실에서 언어의 역할을 지나치게 강조하고 물질성의 중요한 역할을 간과한다는 자각이 2000년대부터 일어났다. 자연, 공간, 인공물, 기술 등 비인간 사물들 또한 사회의 핵심적 구성 요소라고 파악하는 '물질적(존재론적) 전환' 또는 '신유물론'이 사회 과학 전반에서 새로운 패러다임으로 대두하게 된 것이다.

그렇다면 21세기 사상과 달리 20세기 사상에서는 자연 세계나 물질성을 아예 무시하고 다루지 않았다는 말인가? 물론 그런 것은 아니다. 다만 20세기 사상에서는 비인간 사물을 인간과는 본질적으로 속성이 다른 실체로 취급했다. 즉 인간을 이성과 자유 의지가 있고 언어를 사용하는 능동적 '주체'로 본 반면, 비인간은 순수한 물질로서 인과적 결정 법칙을 따르는 수동적 '객체'로 보았다. 따라서 인간은 비인간보다 우월한 존재이고, 비인간 사물은 인간 행위에 사용되는 도구나 자원 또는 그 배경이나 제약 조건으로 간주하는 경향이 있었다. 이와 같은 인간중심주의적 이분법의 뿌리는 서구 르네상스의 휴머니즘과 17세기 근대 철학의 기초를 놓은 르네 데카르트의 이원론(정신/물질)으로 거슬러 올라갈 수 있다. 21세기 사상의 공통점은 모든 근대주의적 사유의 토대를 이루는 인간 중심적 이원론을 극복하려고 한다는 데 있다.

동물에 대한 견해의 차이를 예로 들어 보자. 데카르트는 동물을 생각 없는 존재, 영혼 없는 기계 같은 것으로 봤다. 카를 마르크스 역시 인간의 일과 동물의 일이 겉으로는 비슷해 보여도,

인간은 생각에 따라 일하는 반면 동물은 본능에 따라 일한다고 주장했다. 베버가 말한 '의미 있는 사회적 행위'도 오직 인간에게 국한되며, 에밀 뒤르켐이 말한 '사회적 사실' 역시 인간이 정신 활동을 통해 만들어 낸 집합 표상만을 포함한다. 이에 반해 21세기 사상의 탈인간중심주의를 대표하는 인류학자 에두아르두 비베이루스 지 카스트루에 의하면, 아마존 원주민들은 인간과 동물에게 같은 종류의 영혼이 있다고 믿는다. 우리는 스스로를 인간으로 보고 재규어를 포식자 동물로 보지만, 재규어는 자신을 인간으로 보고 우리를 재규어 자신이 잡아먹을 동물로 본다. 동물도 인간과 동등하게 생각하는 행위자라는 것이다.

서구의 근대주의적 사유에서 보면 아마존 원주민의 우주론은 비합리적인 야만인의 사유에 불과할 수 있다. 그러나 인간 중심적 이원론을 극복하고자 하는 21세기 사상에서는 지구적 생태 위기를 극복할 희망을 원주민의 사유에서 찾을 수 있다고 본다. 아마존 원주민은 동물, 식물, 무생물, 기상 현상, 인공물 등 모든 비인간에게도 인간과 동등한 영혼이 있다고 보고 이들과 공존하고자 한다. 아마존 원주민 세계에서는 인간의 이기적 목적 때문에 비인간 존재를 살상하거나 파괴하는 일이 일어나지 않는다. 반면 서구의 '식민화'와 '근대화'란, 자신이 이 세계의 보편적 진리를 담지한다고 내세우면서 비서구의 토착적 지식과 실재를 폭력적으로 파괴하고 정복한 행위이지 않았던가?

들어가며

21세기 사상은 주체/객체 이분법을 벗어나 비인간을 인간과 동등한 행위자로 보아야 한다는 것이지, 비인간을 반드시 사랑해야 한다는 식의 도덕적 주장을 펼치는 것은 아니다. 이 점은 브뤼노 라투르가 즐겨 드는 총기 살인의 예에서 알 수 있다. 총기 살인이 큰 사회 문제로 자리 잡은 미국에서는 "총이 사람을 죽이는가?" 아니면 "사람이 사람을 죽이는가?"의 문제를 둘러싸고 총기 규제에 대한 정책적 논쟁이 벌어진다. 총기 규제를 주장하는 사회 운동가들에 따르면, 미국처럼 총기 개인 소유가 자유로운 나라에서는 필연적으로 총기 살인이 일어날 수밖에 없다. 반면에 전미총기협회는 자기 방어를 위해 총기 개인 소유가 반드시 필요하며 살인은 살인 의도를 가진 사람이 저지르는 것이지 총이 저지르는 것은 아니라고 반박한다.

라투르는 총기 살인에 관해 새로운 견해를 제시한다. 총기 살인은 총과 사람이 연결된 집합적 행위자 '총-사람'이 초래한 결과다. 총은 위험한 무기이지만 벽장에 따로 놓여 있다면 살인을 저지를 수 없다. 사람은 격분하더라도 손에 총이 없다면 살인까지 저지르기 쉽지 않다. 그런데 총이 사람 손에 쥐어지면 그 결합으로 인해 총의 속성과 사람의 속성이 서로 교환되고 동시에 두 행위자가 변하면서 총기 살인이라는 집합적 행위가 일어난다. 총기 살인은 총과 사람이 '공동 구성'한 결과인 것이다.

우리는 일상생활에서 인간과 비인간의 공동 구성을 매우

흔하게 발견할 수 있다. 자동차 운전, 휴대폰 사용 등 수많은 예를 들 수 있다. 20세기 사상에서는 인간이라는 능동적 '주체'가 시키는 대로 자동차나 휴대폰이라는 '객체'가 수동적으로 움직인다고 생각하겠지만, 실상이 단순하지 않다는 것을 우리는 경험으로 안다. 인간 행위자가 어떤 지시를 내리더라도 자동차와 휴대폰은 호락호락하게 순응하지 않을 때가 많다. 인간은 자동차와 휴대폰이 요구하는 대로 행위를 조절해야만 성공적으로 자동차를 운전하고 휴대폰을 사용할 수 있다.

    21세기 사상은 우리가 사는 세계가 다양한 인간 및 비인간 행위자의 결합으로 이루어져 있다고 본다. 21세기 세계에서 기후 변화, 생태 위기, 과학 기술의 획기적 변화 등 하이브리드적 현상들이 점점 확대 및 심화되고 있다면, 인간 중심적 이원론에 기초한 20세기 사상은 이 문제에 대한 올바른 이해와 해결에 더 이상 적합하지 않다. 인간과 비인간을 동등한 행위자로 보면서 그들의 다양하고 역동적인 결합을 이해하려는 21세기 사상의 탈인간 중심적 일원론이야말로 우리 시대의 문제를 다루는 데에 훨씬 더 필요하고 적절하다.『21세기 사상의 최전선』은 바로 이런 모험적 시도를 보여 주는 새로운 이론들을 소개하는 것을 목적으로 한다.

브뤼노 라투르
Bruno Latour

*

인간만이
사회를 구성하는가?

*

김환석

2018년 10월 25일, 《뉴욕타임스 매거진》에는 커다란 인물 사진과 함께 「탈진실 철학자 브뤼노 라투르, 과학 방어에 착수하다」라는 기획 기사 한 편이 실렸다. 기사 제목 아래에는 흥미로운 질문이 덧붙었다. "라투르는 과학자들의 권위를 해체하는 데 수십 년을 보냈다. 오늘날 그의 아이디어는 과학자들이 과거에 누린 권위를 되찾는 데 도움이 될 수 있을까?" 세계 최강대국인 미국이 기후 과학을 부정하며 기후 변화 협약을 탈퇴한 오늘날, 《뉴욕타임스 매거진》에서 이토록 중요한 인물로 조명한 브뤼노 라투르는 누구인가? 라투르는 철학, 인류학, 사회학을 자유롭게 횡단하며 과학 기술, 근대성, 생태 위기 등 세계의 핵심 문제에 대해 독창적 이론을 제시한 사람이다. 라투르의 이론은 '행위자-연결망 이론(actor-network theory, ANT)'이라는 명칭으로 널리 알려져 있다.

비인간 사물은 어떻게 과학 지식 형성에 기여하는가?
라투르는 1970년대 후반 과학 기술에 대한 인류학적 연구를 개척했다. 그는 근대 과학 지식이 어떻게 생성되는지를 알아보고자 '과학이 만들어지는' 현장인 실험실로 직접 들어가 과학자들의 연구 생활을 약 2년 동안 참여 관찰했다. 『실험실 생활』(1979)은 이때의 연구를 바탕으로 쓴 책으로, 과학 지식을 자연의 객관적 재현으로 보는 실증주의적 과학관과 과학 지식을 과학자 사회에 의한 사회적 구성물로 보는 사회 구성주의적 과학관 모두를 넘어서는 제3의 과학관을 제시했다.

라투르가 보기에 과학적 사실은 과학자들이 자연을 관찰함으로써 발견하거나 단순히 상호 주관적 합의를 통해 구성해 내는 대상이 아니다. 인간 과학자 못지않게 비인간 사물도 과학 지식을 만들어 내는 행위자로서 중요한 역할을 하기 때문이다. 실제로 세균, 실험동물, 현미경, 시험관, 컴퓨터 등의 비인간 사물이 없었더라면 인간은 오늘날의 과학 지식을 만들어 낼 수 없었을 것이다.

라투르는 이런 맥락에서 인간과 비인간이 공동으로 과학을 구성한다고 통찰했다. 인간 과학자들이 비인간 사물들과 안정된 연결망을 구축했을 때 과학 지식이 비로소 성공적으로 만들어지기 때문이다. 라투르에게 영향을 받아 이후 ANT 연구에서는 "행위자를 추적하라."라는 말이 방법론적 원칙이 되었는데, 인간뿐 아니라 비인간도 행위자로 간주한다는 점이 기존 사회 과학과 구별되는 ANT의 큰 특징이다.

실제 사회는 인간과 비인간의 연결망

라투르는 연구 초기부터 과학 기술 인류학을 개척하는 한편 대안적 사회학을 모색하기도 했다. 그는 실험실 연구를 마친 뒤 동물 인류학자 셜리 스트럼의 연구 현장을 관찰하게 되었다. 당시 스트럼은 케냐 개코원숭이들의 생활 공간에서 함께 지내며 그들의 사회를 인류학적으로 연구하는 중이었다. 라투르는 이 연구 현장에서 얻은 경험을 통해 개코원숭이 사회와 인간 사회 사이의 차이점을 인식하고, 나아가 인간 사회가 번영하는 데 비인간 사물이 어떻게 관여하는지를 깊이 성찰할 수 있었다.

개코원숭이 사회에서는 매우 민감하게 서열을 따진다. 위계질서를 세우기 위해 경쟁과 협력을 통한 역동적 상호 작용이 개체들 사이에서 매일같이 벌어진다. 개코원숭이는 매번 온전히 자신의 신체적 능력만으로 다른 구성원들과의 사회적 질서를 확립해야 한다. 이렇게 발전한 개코원숭이 사회에는 인간 사회 못지않게 복잡하고 고유한 질서가 있다.

그러나 개코원숭이 사회는 인간 사회에 비해 압도적으로 규모가 작고 안정성도 떨어진다. 개코원숭이 사회와 인간 사회는 어째서 이렇게 다를까? 라투르에 따르면, 인간이 사회관계를 안정화하는 데 비인간 사물을 끌어들이기 때문이다. 인간은 자신의 신체 외에도 도구, 기술, 무기, 교통 및 통신 수단 등을 개발하면서 더 폭넓고 안정된 관계를 영위할 수 있었다.

이를테면 인간은 과속 방지 턱을 고안해 자동차 주행 속도를 제어해 냈다. 초등학교 앞 우선멈춤 안내판을 무시하고 달리는 운전자들도 과속 방지 턱 앞에서는 속도를 줄일 수밖에 없다. 도덕적 당위성을 상기해서가 아니라 턱을 그대로 넘으면 자신의 자동차에 손상이 가기 때문이다. 이렇듯 과속 방지 턱은 운전자의 행위를 직접적으로 통제하는 어엿한 행위자로, 교통경찰이라는 인간의 역할을 대신해 사회의 안정에 기여한다.

따라서 전통 사회학에서 당연하다고 전제해 온 '사회'나 '사회적인 것'은 개코원숭이 사회에나 적합한 개념이다. 인간만으로 구성된 사회는 사실상 존재하지 않기 때문이다. 실제로 존재하는 것은 인간과 비인간의 결합, 즉 이질적 연결망이다. 그러므로 사회학은 사회적인 것의 사회학이 아니라 결합의 사회학을 지향해야 한다. 또한 인간과 비인간의 결합은 개인과 같은 미시적 수준에서 국가와 같은 거시적 수준으로 확대될 수도 있고 거시적 수준에서 미시적 수준으로 축소될 수도 있기 때문에 미시와 거시를 구분하는 이분법도 불필요하다.

생태 위기 해결을 위한 인간-비인간 공동 정치의 장

라투르는 인류학적·사회학적 연구를 바탕으로 1990년대부터 근대성과 생태 위기에 대한 정치 철학적 사상을 전개했다. 『우리는 결코 근대인이었던 적이 없다』(1991)에서는 근대주의의 이원론을 본격적으로 문제 삼았다. 데카르트의 정신/물질에서 시작해 이마누엘 칸트의 주체/객체로 이어진 이원론적 사고에 따르면, 인간의 영역과 비인간의 영역은 존재론의 차원에서 근본적으로 분리되어 있다. 이원론에 바탕을 둔 이러한 인식은 근대에 접어들며 보편화되었다. 이에 따라 인간 세계인 사회(또는 문화)와 비인간 세계인 자연을 이분법적으로 구분하는 사고방식도 일반화되었는데, 라투르는 사회와 자연을 분리하는 과정을 '정화 작업'이라는 말로 표현했다.

그러나 인간만으로 구성된 사회와 비인간만으로 구성된 자연은 실제로 존재하지 않는다. 과속 방지 턱의 사례에서 볼 수 있듯 근대인도 인간과 비인간을 결합해 삶을 영위해 왔다. 라투르는 근대인의 '정화된' 사고방식과 모순되는 하이브리드화 실천을 '번역 작업'이라고 일컬었다. 그런데 근대인은 자연/사회 이분법을 확고히 믿었기 때문에 자신이 만들어 내는 하이브리드의 역할도, 하이브리드를 생산했을 때 발생할 결과도 인식할 수 없었다.

역설적이게도 이러한 비가시화는 하이브리드를 무한히 생산하는 동력이 되었고, 근대화가 대규모 성장으로 이어진 이유가 되기도 했다. 라투르는 오늘날의 지구적 생태 위기도 이 같은 모순 때문에 초래되었다고 진단한다. 인간은 하이브리드 생산이 가져올 결과를 알지 못한 채 하이브리드를 부주의하게 양산했고, 이 하이브리드들이 만들어 낸 온실가스, 미세 먼지, 플라스틱 폐기물 등은 인간에게 또다시 비가시화된 채 전 지구적 환경 파괴를 유발했다.

생태 위기를 해결하려면 하이브리드들에게 정당한 존재론적 위치를 부여하는 동시에 인간과 비인간의 바람직한 결합을 추구하는 새로운 원리, 즉 하이브리드의 역할을 가시화하는 인식과 실천의 원리가 필요하다. 그러려면 과학은 비인간 세계만을, 정치는 인간 세계만을 각각 다루는 것을 당연시하는 잘못된 이분법을 벗어나야 한다. 라투르는 새로운 비근대주의 정치의 장인 '사물의 의회'를 구축해 정치의 영역에서도 인간과 비인간의 결합을 본격적으로 다루자고 제안했다. 사물의 의회란 어떤 하이브리드를 사회에 수용할 것인지, 수용할 경우 어떤 위치와 역할을 부여할 것인지를 인간과 비인간의 다양한 대변자들이 공동으로 협의하고 결정하는 민주적 포럼을 뜻한다. 유엔의 기후 변화 회의가 그 예 중 하나이다.

라투르는 지구적 생태 위기를 해결하고자 비근대주의 정치 생태학을 더욱 정교하게 가다듬었다.『자연의 정치학』(1999)에서는 사물의 의회가 구체적으로 어떤 모습인지를 논하며 인간과 비인간의 공동 세계를 구성하는 가설적 모델을 제시했다.『가이아 마주보기』(2015)와『지구로 내려오기』(2017)에서는 오늘날의 지구적 생태 위기를 '신기후 체제(new climate regime)'라고 명명하고 신기후 체제의 복합적 측면을 자세히 분석했다. 또한 기존의 자연 개념으로는 신기후 체제를 분석하기 어렵다고 지적하면서 지구 과학자 제임스 러브록이 1960년대 말에 제시한 '가이아' 개념에 주목했다. 가이아 가설에서 지구는 일종의 유기체로, 생물과 무생물이 상호 작용하며 항상성을 유지한다. 라투르는 자연 개념보다 러브록의 가설이 신기후 체제의 인간 활동과 자연 세계, 그 사이에서 예기치 않게 발생하는 수많은 연결과 행위자들을 묘사하는 데 더 적합하다고 생각했다.

그래서 2018년에는 지구 시스템 과학자 티모시 렌턴과 함께 '가이아 2.0' 이론을 발표하기도 했다. 가이아 2.0 이론에 따르면, 인간은 기술과 공진화하며 지구의 자기 조절 과정에 개입한다. 인간은 스스로가 기후 변화에 미치는 영향을 더 잘 인식하게 되면서 자신의 행동을 의식적으로 조절하는데, 지구 또한 인간의 개입에 따라 재차 작동 방식을 바꾼다. 라투르는 이러한 논의를 통해 인간의 노력을 강조하는 한편, 지구의 모든 생명이 함께 번영할 수 있는 가능성을 찾고자 한다. 이처럼 라투르의 정치 생태학은 생태 위기에 대한 비관적 전망에 머무르지 않고 이를 해결할 수 있는 방향을 적극적으로 모색하는 긍정의 철학을 보여 준다. 인간 중심적 이원론을 벗어나 사물의 의회를 통해 인간과 비인간의 바람직한 공동 세계를 구성해 나가는 것이 바로 그 길이다.

브뤼노 라투르
(Bruno Latour, 1947~)

+ 영향   × 비판   ◇ 동료

- 관련 인물

+	+	◇	×
미셸 세르	가브리엘 타르드	미셸 칼롱	에밀 뒤르켐

- 분야: 과학 기술학, 철학, 인류학, 사회학
- 사상: 행위자-연결망 이론
- 주요 활동·사건: 비근대주의 철학, 카를스루에 ZKM 전시 큐레이팅(2002~2020), 홀베르상 수상(2013)

1947년 프랑스 부르고뉴의 와인 양조 집안에서 태어났다. 부르고뉴대학교에서 철학과 신학을 공부했고 1975년 투르대학교에서 성서 주해 연구로 철학 박사 학위를 받았다. 이후 코트디부아르에서 현지 조사를 수행하며 익힌 연구 방법론을 과학 기술에 대한 인류학적 연구로 발전시켰다. 미국 캘리포니아 소크연구소에서 과학 지식이 생산되는 방식을 관찰해 1979년 첫 저서 『실험실 생활』을 발표했다.

　　1982~2006년 파리국립고등광업학교 혁신사회학센터 교수로 부임했고, 동료 미셸 칼롱과 함께 행위자-연결망 이론을 정립했다. 행위자-연결망 이론은 과학 기술학의 대표 이론으로 발전해 인문학과 사회 과학 전반에 큰 영향을 끼쳤다. 이 시기에 발표한 주요 저서로 『젊은 과학의 전선』(1987), 『프랑스의 파스퇴르화』(1988), 『우리는 결코 근대인이었던 적이 없다』(1993), 『아라미스, 또는 기술

사랑』(1996), 『판도라의 희망』(1999), 『자연의 정치학』(2004), 『사회적인 것의 재조립』(2005) 등이 있다.

2006년 파리정치대학으로 적을 옮겨 조직 사회학 및 미디어 연구를 지휘했다. 연구 분야를 종교, 법, 예술, 생태 등으로 넓혀 왕성한 학술 활동을 펼친 뒤 2017년 퇴임했다. 이 기간에 『사실적 신의 근대적 숭배에 대하여』(2010), 『법 만들기』(2010), 『환희』(2013), 『존재 양식에 대한 탐구』(2013), 『가이아 마주보기』(2015), 『지구로 내려오기』(2017) 등을 발표했다. 또한 독일 카를스루에공과대학교 미디어예술센터의 기획전 《아이코노클래시》(2002), 《사물을 공적인 것으로 만들기》(2005), 《근대성의 재구성》(2016), 《임계 지대》(2020)를 큐레이팅하기도 했다.

다방면에 걸친 연구와 업적을 인정받아 2013년 인문·사회 과학 분야의 노벨상으로 일컬어지는 홀베르상을 수상했다.

- 스티브 울거 공저, 『실험실 생활: 과학적 사실의 구성』, 이상원 옮김, 한울, 2019.
- 『젊은 과학의 전선: 테크노사이언스와 행위자-연결망의 구축』, 황희숙 옮김, 아카넷, 2016.
- 『판도라의 희망: 과학 기술학의 참모습에 관한 에세이』, 장하원·홍성욱 옮김, 휴머니스트, 2018.
- 『우리는 결코 근대인이었던 적이 없다』, 홍철기 옮김, 갈무리, 2009.
- 티머시 M. 렌턴 공저, 「가이아 2.0: 인간은 지구의 자기-규제에 자기-인식을 더할 수 있을까?」, 우지수 옮김, 《에피》 9호, 이음, 2019, 202~212쪽.

도나 해러웨이
Donna Haraway

*

지구에서 어떻게
삶의 지속을 추구할 것인가?

*

황희선

인류세인가, 자본세인가?

노벨상을 수상한 화학자 파울 크뤼천은 2000년에 '인류세'라는 개념을 제안했다. 인간 활동이 지구에 미친 영향이 워낙 커서, 쥐라기나 홀로세처럼 하나의 새로운 지질 시대가 도래했다고 봐야 한다는 의미였다. 실제로 과학자들이 지층이나 암석의 연대를 알아낼 때 쓰는 방법을 최근 생성된 지층에 적용해 보면 뚜렷하게 다른 특징이 드러난다. 원자 폭탄 투하로 급상승한 방사능 수치, 화학 비료의 영향으로 눈에 띄게 증가한 인의 농도, 플라스틱 등 인공 합성물의 존재, 여섯 번째 대멸종으로 보기에 부족함이 없는 종 다양성의 급감 등이 그것이다. 인간은 정말로 지질 시대를 가를 만큼 큰 흔적을 지구에 남겼는지도 모른다.

그런데 저명한 과학학자이자 페미니스트인 도나 해러웨이가 보기에 인류세라는 표현에는 미심쩍은 점들이 있다. 인간 모두가 화석 연료나 비료를 과도하게 사용하지는 않기 때문이다. 예를 들어 아마존 유역에 사는 토착 민족들은 현재의 환경 파괴와 거의 무관하다. 더욱이 인류는 모든 변화를 주도하고 관장하는 유일한 행위자도 아니다. 인간에게 책임이 없다는 뜻이 아니다. 다만 과도한 책임 의식의 이면에는 인간만이 무언가를 할 수 있다는 오만함이나 착각이 서려 있을 수 있다.

해러웨이는 이 같은 인간중심주의적 관점에서 벗어나 인간의 활동과 맞물려 지구에서 벌어지는 일들이 구체적으로 어떻게 작동하는지 파악하고자 한다. 해러웨이가 선호하는 '자본세'라는 개념은 이러한 목적에 보다 적합하다. 이 표현은 플랜테이션 농업이나 자본주의적·식민주의적 생산 체제의 도입 등 인간 활동이 지구에 미친 영향의 역사를 추적하거나 현대의 글로벌 사회가 작동하는 모습을 분해해서 볼 수 있게 해 준다. 가령 플랜테이션 체제에서는 단작(單作)을 하는 것이 보통인데, 상품성 있는 작물의 다량 생산을 위해 균질한 재배 조건을 조성하고 대규모 관개 시설도 도입한다. 그로 인해 균질화된 환경에서는 모기나 부레옥잠 같은 특정 종이 창궐하게 된다. 자본세는 이처럼 자본주의적 식량 체제가 확산되는 과정에서 지구 생태가 받은 영향을 면밀히 파악할 수 있게 해 준다.

사회주의 페미니즘적 비판

해러웨이의 비판은 자본주의를 겨냥한다. 하지만 해러웨이는 자본주의라는 초월적 원인에 의해 만사가 돌아간다는 듯 세상을 총체화하거나 자본주의를 너무 완벽한 체제로 기술하는 바람에 구체적 문제에 대한 대안이나 해법을 상상할 수 없게 만드는 태도를 경계한다. 우리에게는 자본주의적 세계관을 기정사실로 받아들이지 않는 서사, 우리가 등장하는 이야기를 바꿀 수 있는 구체적이고 실행 가능한 기술이 필요하다.

다른 이야기를 상상하려면 익숙한 전제를 바꿔야 할 때도 있다. 문제에 대해 비판할 경우에도 마찬가지다. 이를테면 「사이보그 선언」(1985)은 (남성)인간(Man)이 자연을 재료로 삼아 자기 자신을 창조한다는 전제하에 성립되는 비판을 다시금 비판한다. 기계는 (남성)인간이 자신의 편의를 위해 만든 도구일 뿐이며 문제를 일으키는 기계를 버리고 유기체적 삶을 복원해야 한다는 비판이 그런 사례다. 이런 관점에서 보면 각종 IT 기술과 기계 장치는 인간을 위협하는 적이다. 하지만 해러웨이가 볼 때 기술을 거부하고 악마화하는 러다이트적 해법은 실현 가능하지도 않고 바람직하지도 않다. 선언문의 문구를 인용하면 기계는 "다정한 나 자신"이 될 수도 있다. 문제 해결 과정에서 중요한 것은 기술과학(technoscience)이 무엇을 지향하는지, 누가 기술과학에 접근할 수 있는지, 누가 악조건에서 물리적 생산 공정을 수행하는지를 밝히는 일이다.

「사이보그 선언」이 발표된 1980년대는 냉전의 한가운데서 오늘날 신자유주의라는 이름으로 일컬어지는 체제가 등장한 때이다. 이 글에서 해러웨이의 사유는 사회주의 페미니즘의 논의와 맞닿는다. 사회주의 페미니즘은 통상 남성의 일로 여겨지는 생산(공장 노동 등)과 여성의 일로 여겨지는 재생산(출산, 가사 등)을 구분하면서 젠더의 기존 경계와 규범을 공고화하는 담론을 반박한다. 성별에 따른 이분법은 여성에게 특정 역할을 강요한다는 점에서도 문제가 있지만, 당시 진행되던 정치경제적 변동은 젠더 지형을 이미 재구성하고 있었다.

그즈음 IT 기술의 진전과 더불어 전면화하기 시작한 불안정 노동은 서비스 산업의 등장과도 관계가 깊다. 불안정 노동의 경험은 타인의 필요에 부합하는 일, 일로는 인정되지 않는 일만을 수행하도록 강요된 여성의 경험과 닮아 있다. 또한 비정규직의 증가와 더불어 가족 임금 체제가 무너지는 상황에서 상대적으로 낮은 임금을 받아도 된다고 여겨졌던 여성이 본격적으로 임노동 시장에 편입되기 시작했다. 노동이 '여성화'되고 있었던 것이다. 그렇다면 당시의 노동 현실이 여성 억압과 구조적으로 닮은 만큼, 더 효과적인 분석과 대응 전략을 제시하는 주체는 여성, 특히 대항적 네트워크를 읽고 만들 줄 아는 여성들일 수도 있다. 해러웨이는 더 나아가 사이보그라는 이미지를 통해 여성을 사실상 배제하고 소외시킨 활동을 젠더의 경계를 넘어 재전유할 수 있다고 말한다. 남성에게 적합하다고 여기던 노조 활동, 기계를 다루는 작업 등이 그런 사례다.

해러웨이의 페미니즘적 비판 의식은 이후 저작에서도 유지된다. 두 번째 선언문인 「반려종 선언」(2003)에서는 해러웨이 본인이 반려견과 입맞춤하는 과정, 중성화 수술을 받은 반려견들이 성적 쾌감을 추구하는 모습을 묘사하며 비생식적 성애와 친밀성을 보여 준다. 해러웨이는 이 일화들을 통해 성이 생식을 위해 존재한다는 통념, 즉 성에 대한 목적론적 사고방식이 부정하는 세계의 단면을 긍정한다. 이와 같은 비판은 여성을 '출산 기계'로 환원하는 가부장제에 대한 비판 및 퀴어 이론의 논의들과도 같은 맥락에 놓여 있다.

해러웨이가 함께 살펴보자고 제안하는 출구는 "사이보그는 사생아다."라는 다소 도발적인 주장에서도 드러난다. 사이보그는 지구의 절멸도 불사할 핵전쟁, 심지어는 문자 그대로의 우주 전쟁이 더 이상 불가능해 보이지 않던 시대에 전쟁 기계의 일종으로 고안되었다. 하지만 사이보그가 꼭 그와 같은 참극에 동원되리라는 법은 없다. 자신의 근본으로 여겨지는 것을 배반한다는 뜻에서 사이보그는 사생아가 될 수도 있다. 더 나아가 해러웨이는 이 단어를, 순수하다고 가정된 범주 사이의 경계, 이를테면 물질과 비물질, 인간과 동물, 유기체와 기계의 경계가 와해되며 출현하는 혼종적 존재를 일컫는 데 두루 사용한다.

소중한 타자들과 윤리적 태도

해러웨이는 인간(human)이라는 단어의 어원을 부엽토(humus)로 볼 수도 있다고 말한다. 사람은 문자 그대로 흙이 변형된 형태이며 종국에는 흙으로 돌아간다. 그렇다고 해서 핵전쟁과 같은 종말론적 결말을 맞을 필요는 없다. 스스로를 세속 천주교인으로 일컫는 해러웨이는 인간이 이 땅과 현세의 거주자인 테란(terran)이며, 유한한 지구에서 잘 살고 잘 죽는 방법을 배울 필요가 있다고 주장한다. 모든 죽음과 폭력을 막아야 한다는 비현실적 주장과는 다르다. 폭증하는 인구가 교란한 지구, 예를 들어 외래종의 유입으로 토착종이 절멸 위기에 처한 지역에서는 때로 책임 있는 태도로 누군가의 죽음을 야기해야 할 때도 있다. 현재의 지구에는 삶의 지속을 추구하는 태도가 필요하기 때문이다. 하지만 이들을 '죽여도 괜찮은' 존재로 만들어 상징적·물리적으로 두 번 죽이는 폭력에 가담해서는 안 된다.

    문제를 푸는 실마리는 해러웨이가 제시한 '반려종'이라는 개념에서도 나온다. 반려자(companion)라는 말은 라틴어로 '빵을 나눈다(cum panis)'라는 표현에서 비롯되었다. 한솥밥을 먹는 식구라는 뜻이다. 동거하는 이들의 삶은 완벽히 이상적이지도, 마냥 나쁘지만도 않다. 흔히 말하듯 함께 살다 보면 좋을 때도 나쁠 때도 있는 법이다. 반려는 '보송보송하고 아늑한' 관계와는 다르다. '나'는 관계에서 분리되어 존재하지 않으며 상대 없이는 존재할 수 없다. '나'는 관계 이전에 이미, 또는 서로 다른 존재들이 마주한 가운데 다른 누군가가 되어 갈 뿐이다. 이것이 반려의 의미다. 그 관계는 식민주의, 가부장제, 자본주의와 같은 폭력의 역사로부터 자유롭지 않지만, 분노와 고통으로 환원되지 않는 강렬한 기쁨의 경험을 선사하기도 한다. 해러웨이가 보기에는 사태를 긍정과 부정 중 하나로 환원하지 않고 이 둘 모두에 충실할 수 있는 자세, 매 순간과 매 관계에 고유한 문제 속에서 책임 있게 응답할 수 있는 능력(response-ability)을 배양하는 것이 오늘날 필요한 윤리적 태도이다.

도나 해러웨이
(Donna Haraway, 1944~)

- 관련 인물

+	+	◇	◇
낸시 하트삭	샌드라 하딩	애나 칭	이사벨 스탕게르스

- 분야: 페미니즘 이론, 과학학 및 과학사, 문화 비평
- 사상: 사회주의 페미니즘, 에코페미니즘, 기술과학의 민주주의, 포스트휴머니즘
- 주요 활동·사건: 가부장제적 자본주의 비판, 인간중심주의 비판, 반과학주의 비판

1944년생 페미니스트, 과학학자, 문화 비평가로, 인문·사회학과 자연 과학을 넘나드는 다학제적 연구를 진행한다. 미국 콜로라도대학에서 동물학, 철학, 문학을 전공한 뒤 예일대학교에서 「결정, 직조, 장」이라는 논문으로 생물학 박사 학위를 받았다. 현재 캘리포니아대학교 샌타크루즈의 의식사학과 석좌 교수다.

초기 대표 저서로는 탈식민주의 페미니즘의 관점이 두드러지는 영장류학사 연구서 『영장류의 시각』(1989), 「상황적 지식」 등 초기 주요 논문을 수록한 『영장류, 사이보그, 여성』(1991)이 있으며, 1997년에는 과학 혁명의 역사와 현대 생물학에 대한 페미니즘 비평을 담은 『겸손한_목격자』를 펴냈다. 『해러웨이 선언문』(2016)에는 가장 대표적이고 유명한 글 「사이보그 선언」(1985)과 그 뒤를 잇는 「반려종 선언」(2003), 오랫동안 지적으로 교류해 온 영문학자 캐리 울프와의 대담이 실려 있다. 「사이보그 선언」과 「반려종 선언」에서는 1980년대와 2000년대의 정치적 사유와 실천에 적합한 이미지가 각각 사이보그와 목양견이라고 주장한다. 울프와 나눈 대담에는 개인적·지적·정치적 배경에 대한 이야기가 두루 담겨 있는데, 과거부터 최근까지 어떤 문제에 관심을 두어 왔는지를 살펴볼 수 있다.

최근 펴낸 『트러블과 함께 머무르기』(2017)에서는 과학소설에 등장하는 생명체의 촉수처럼 유연하게 사유할 것을 권한다. 기존 개념들이 해법을 제시하지 못하게 되었음을 수긍하고, 인간, 동물, 식물 등 다양한 반려자들과 '이상한 친족 관계'를 맺어 새로운 해법을 찾아보자는 제안이다. 편저 『인구 대신 친족 만들기』(2018)에서는 인구 폭증으로 야기된 생태 파괴의 문제를 제기하면서, 인간 이외의 존재를 포괄하는 재생산 정의(reproductive justice)를 모색해야 한다고 주장한다.

- 「상황적 지식들: 페미니즘에서의 과학의 문제와 부분적 시각의 특권」, 『유인원, 사이보그, 그리고 여자: 자연의 재발명』, 민경숙 옮김, 동문선, 2002, 327~360쪽.
- 『겸손한_목격자@제2의_천년.여성인간ⓒ_앙코마우스TM를_만나다: 페미니즘과 기술과학』, 민경숙 옮김, 갈무리, 2007.
- 「인류세, 자본세, 대농장세, 툴루세: 친족 만들기」, 김상민 옮김, 《문화과학》 2019년 봄호(통권 97호), 162~173쪽.
- 『해러웨이 선언문: 인간과 동물과 사이보그에 관한 전복적 사유』, 황희선 옮김, 책세상, 2019.

메릴린 스트래선
Marilyn Strathern
*
전체론으로는 왜
세계를 파악할 수 없는가?
*
차은정

"사방이 적입니다." 한 학생이 내게 한 말이다. 〈타인은 지옥이다〉라는 제목의 인기 웹툰이 드라마로도 만들어진 것을 보면 그 학생만 하는 생각은 아닌 것 같다. 다른 한편에는 '소확행'이라는 말이 있다. '작지만 확실한 행복'을 일컫는 줄임말로, 타인과 나누는 행복보다는 혼자서 즐기는 행복에 가까운 의미이다. 이제는 정녕 타인과의 관계에서 행복을 추구할 수 없는 것일까? 아리스토텔레스가 말하는 '사회적 동물'이라는 개념, 즉 인간은 타자와 함께 공동체를 만들어 살아갈 수밖에 없다는 말로는 더 이상 인간을 정의할 수 없는 것일까?

〈타인은 지옥이다〉에 등장하는 고시원 사람들은 같은 언어를 사용하는데도 말이 통하지 않는다. 저마다 다른 세상을 살아가는 것 같다. 포스트모더니즘의 다원주의는 바로 이 감각, 사람들이 같은 세상을 다른 방식으로 살아가는 것이 아니라 각기 다른 세상을 살아가고 있다는 감각을 학문적으로 검토하고자 했다. 비서구의 '타문화'를 탐구해 왔던 서구 인류학에서는 이 감각이 학문의 기반을 뿌리째 흔들었다. 1980년대까지 서구의 인류학자들은 자신들이 비서구를 객관적으로 기술했다는 데 의심을 품지 않았다. 그런데 비서구 사람들이 스스로 말하기 시작하자 그 기술이 '서구의 시선에 의한 비서구'에 불과하다는 것이 판명되었다.

강제 징용과 위안부 문제를 둘러싼 한일 갈등에서 비근한 예를 찾을 수 있다. 강제 징용 피해자들과 위안부들이 자신의 목소리를 내기 시작하자 일본 정부의 기술과는 전혀 다른 일제 강점기의 실상이 드러나고 있다. 식민지 조선에서 태어난 일본인 중에는 당시 조선인들이 일본의 통치를 반겼을뿐더러 일본인들과도 잘 지냈다고 말하는 이들이 적지 않다. 이들은 조선인들이 일제 강점기에 고통을 받았을 것이라고 전혀 생각하지 못한다. 일본인의 입장에서 식민지 조선을 이야기하는 시도는 조선인들이 실제 처했던 현실을 간과한 채 일본인의 편향된 이해를 보여 주는 데 그치기 쉽다.

　　서구 인류학도 연구 대상인 비서구를 알 수 없다. 20세기 인류학은 서구가 어떻게 비서구를 알 수 있을지를 해명하고자 포스트모더니즘의 다원주의를 흡수했다. 인류학자들은 비서구에 대한 자신의 기술이 객관적이며 이것이 절대적 진리가 아님을 인정했지만 '부분적 진리'로서는 학문적 의의가 있다고 주장했다. 그러나 일본 정부의 예에서 볼 수 있듯, 부분적 진리란 보통 비서구가 아닌 서구 자신의 이야기로 귀착되고 만다. 타자는 거울이고 그 거울을 통해 자신을 본다는 인식이 포스트모던 인류학의 이론적 종착점이었던 셈이다.

다원주의는 왜 자가당착에 빠지는가?

다원주의는 저마다 다양하고 무수히 많은 세계를 논하려 하지만 왜 결국 자기 자신에 대한 이야기로 귀착될까? 인류학자 메릴린 스트래선은 다원주의가 여전히 '전체'를 상정하기 때문이라고 지적한다. 다원주의자들은 더 거대한 차원의 세계(전체)가 있고 그 하위에 작은 세계(부분)가 무수하게 존재한다고 생각한다. 그래서 전체에 포괄된 부분들은 아무리 탈중심화하고 이질화하고 파편화한다 해도 끝내 전체를 벗어나지 못한다. 전체의 중심으로 되돌아갈 수밖에 없는 것이다.

다원주의의 자가당착은 세계를 전체로서 구상하고 이해하는 서구 문명 특유의 사고방식인 전체론에서 기인하는 문제다. 여기에서 염두에 두어야 할 것은 전체론의 관점이 근대에 이르러 시각화(신체화)되었다는 점이다. 17세기 유럽에서는 광학 기술이 크게 발전했다. 현미경과 망원경이 발명돼 인간 시야의 규모를 조정할 수 있게 되었고, 감각 기관을 통해 시야가 생겨난다는 점 또한 인지하게 되었다. 인간의 수정체는 그것을 본뜬 인공 기관인 현미경이나 망원경의 렌즈와 결합했다. 그러나 인간 개개의 시각을 뛰어넘어 확장된 인공 시야는 전체를 보지 못한다는 인간 문명의 본원적 한계 또한 드러냈다. 인간은 고도로 발전된 전파 망원경으로 블랙홀을 관측하는 데까지 성공했지만, 그 성공은 전파 영역의 빛 너머가 미지의 세계로 남을 수밖에 없음을 가르쳐 주었다. 138억 년으로 추정되는 우주의 역사에서 인간은 기껏해야 빛이 전달해 주는 38만 년의 우주만을 볼 뿐이다. 나아가 우리 우주 외에 또 다른 우주들이 있을 것이라는 다중 우주론도 가설적으로 검토되고 있다. 따라서 전체가 과연 존재하느냐는 인식론적 의문이 제기된다.

인간이 전체의 존재를 알 수 없다면, 전체로 구상된 것들이 실은 전체 없는 부분 그 자체이지 않을까?

    스트래선은 이러한 발상을 통해 근대 유럽 중심의 전체론적 세계관을 근본적으로 뒤집으며 전체론에서 발동되는 전지전능의 시야를 문제시한다. 서구 유럽의 전체론적 시야는 비서구를 주변으로 밀어낸다. 스트래선에 앞서, 철학자 자크 데리다는 전체론적 사고가 위계적 질서의 원천임을 통찰한 바 있다. 데리다에 따르면 유럽 형이상학의 중심에는 '로고스'라는 절대적 법칙이 있다. 데리다는 로고스가 서구와 남성을 중심에, 비서구와 여성을 주변에 위치시켜 왔다고 논했다. 유럽 형이상학은 세계를 전체로 구축하기 위해 초월적 중심을 상정했고, 음성이나 남근으로 이 중심을 상상적으로 구축함으로써 '객관성'을 표방했다. 이에 따라 세계를 중심과 주변으로 구조화하는 위계적 질서를 해체하려면 로고스를 탈구축해야 한다.

    반면 스트래선은 로고스(음성이나 남근)를 탈구축한다 해도 유럽 형이상학의 초월성(탈신체성)을 넘어서지 못한다면 위계적 질서를 해체할 수 없을 것이라고 생각한다. 데리다의 사고를 더 급진화한 것이다. 유럽 형이상학에서는 전체를 내려다보는 시야의 중심에 로고스를 둠으로써 객관성을 보증했다. 그러나 스트래선이 보기에는 로고스가 아니라 신체를 초월해 전체를 내려다보는 시야 자체가 문제다. 그래서 스트래선은 신체의 부분적 감각을 계속

주입함으로써 전체론적 사고에 균열을 내고자 한다. 세계에 대한 앎을 완결적으로 닫아 놓는 것이 아니라 닫힌 전체를 절개하여 앎을 무한히 생성하는 것이다. 여기에서는 그 누구도 그 무엇도 전체일 수 없으며 전체와 부분의 관계는 부분들 사이의 상호 관계로 대체된다.

부분들은 부분적으로 연결된다

전체론은 인류 문명사의 측면에서 낡은 사고방식이다. 21세기 인류가 당면한 많은 문제의 유발 원인으로 지목되는 인간중심주의는 전체론과 궤를 같이한다. 근대 과학 기술 역시 발전을 거듭하며 자신의 전체론적 기반을 스스로 무너뜨리고 있다. 어쩌면 전체론이 문명적 인간의 사고를 지배할 수 있었던 이유는 약 5000년 전 도시 혁명 이래로 인류가 비대칭적 관계, 즉 힘의 불균등한 관계를 용인하면서 힘 있는 자의 시야를 세계에 대한 앎과 등치해 왔기 때문일 것이다. 그러나 인류가 비대칭적 관계와 시선을 허용하지 않는 이상, 이제는 새로운 관계와 앎을 모색해야 한다.

우리는 저마다의 삶 속에서 세계를 구축한다. 20세기 사회 과학은 전체를 '사회'로 표상했고 포스트모더니즘에 이르러서는 '개인'이 전체가 되었다. 그렇지만 세계가 전체를 포괄하는 일은 유한한 존재인 인간에게 고통스러울뿐더러 애초에 실현될 수 없다. 그래서인지 우리 인간은 각자의 세계에 갇힌 채 타자를 욕망할 뿐인 에로스로 스스로를 불태우며 그 고통을 잠시 잊으려 한다. 하지만

스트래선은 저마다의 세계 속으로 흩어지는 대신 무수한 세계들이 어떻게 관계해야 할지를 되묻는다. 저 유한한 존재들이 한시적 에로스로 자신을 소진하는 것으로는 미래 인류를 위한 지식의 소임을 다할 수 없기 때문이다.

전체라고 구상되는 세계 속에 타자가 그저 욕망의 대상으로 존재할 때 우리는 타자의 세계를 안다고 할 수 없다. 생명의 궤적은 그 각각의 세계가 무수한 관계들에서 나왔음을 알려 준다. 그렇다면 지식은 세계를 어떻게 전체로 구상하는가에 있지 않고, '어딘가'에서 온 세계들과 어떻게 관계할 것이며 그 속에서 무엇이 생성되는지에 있다. 스트래선은 21세기의 지식을 캐내는 자로서 이렇게 말한다. 쏟아지는 정보의 홍수 속에서 잃어버린 관계를 되찾으라고. "계몽주의와 과학 혁명 궤도 바깥의 사회들에서는 관계가 사물의 반대편을 능수능란하게 해명한다. 인류학자는 세계를 설명하는 다른 방식을 그리 어렵지 않게 발견해 낼 것이다. 요컨대 관계는 사라지지 않는다."

메릴린 스트래선
(Marilyn Strathern, 1941~)

$+$ 영향 $\times$ 비판 $\diamond$ 동료

- 관련 인물

$+$	$\diamond$	$\times$
클로드 레비스트로스	알프레드 겔	자크 데리다

- 분야: 인류학, 멜라네시아 민족학
- 사상: 존재론적 전회, 비전체론
- 주요 활동·사건: 영국 사회 인류학 비판, 존재론의 인류학 창안

1941년 영국 남서부에 위치한 웨일스 지방에서 태어났다. 교사이자 1세대 페미니스트인 모친의 영향으로 어려서부터 자유로운 분위기에서 페미니즘을 접했다. 케임브리지대학교 거튼칼리지에 입학해 사회 인류학의 거목 에드먼드 리치와 마이어 포테스에게 케임브리지 정통 인류학을 배웠다. 1964년에는 동료 인류학자 앤드루 스트래선과 결혼했고, 파푸아뉴기니로 현지 조사를 떠났다. 그때부터 1976년까지 호주와 파푸아뉴기니를 오가며 멜라네시아의 친족과 여성에 관한 연구에 몰두했다.

1976년부터 케임브리지대학교 비전임 연구원으로 재직했고, 영국 인류학의 아버지라 불리는 브로니스와프 말리노프스키에 대한 강의를 5년 동안 진행했다. 이전까지는 사회 인류학 정통에 입각한 연구를 했지만, 영국에 돌아온 직후 시대사상에 둔감한 케임브리지 인류학계의 분위기에 한계를 느껴 당대의 사상적 조류인 구조주의, 마르크스주의, 페미니즘 등을 두루 섭렵하기 시작했다. 그로부터

10여 년 뒤에는 21세기의 새로운 인류학을 예고하는 기념비적 저작
『증여의 젠더』(1988)와 『부분적인 연결들』(1991)을 출간했다.
특히 『부분적인 연결들』에서는 1980년대 페미니즘과 미국 인류학의
문화주의를 바탕으로 근대 유럽 중심의 전체론적 사고를 넘어서는
'탈전체론'을 획기적으로 시도했다. 이 책은 시대를 너무 앞서간
탓인지 출간 당시 인류학계에서 전혀 주목받지 못했다. 그러나
자신의 주제 의식을 꾸준히 발전시키는 한편, 맨체스터대학교와
케임브리지대학교 사회 인류학 교수로서 부지런히 후학을
양성했다. 그 결과 『부분적인 연결들』은 2000년대 이후 인류학계에
존재감을 드러내기 시작했고, '존재론적 전회'라고 불리는 새로운
학파의 시초로 재평가되었다.

현재 케임브리지대학교 명예 교수이며, 팔순에 가까운
나이임에도 왕성한 학술 활동을 이어오고 있다. 총 15권의 단독
저술, 44편의 단독 논문, 57권의 공동 저술을 발표했고, 지금까지도
21세기 인류와 공명하는 연구를 내놓고 있다.

• 『부분적인 연결들: 문명 너머의 사고를 찾아서』, 차은정 옮김, 오월의봄, 2019.

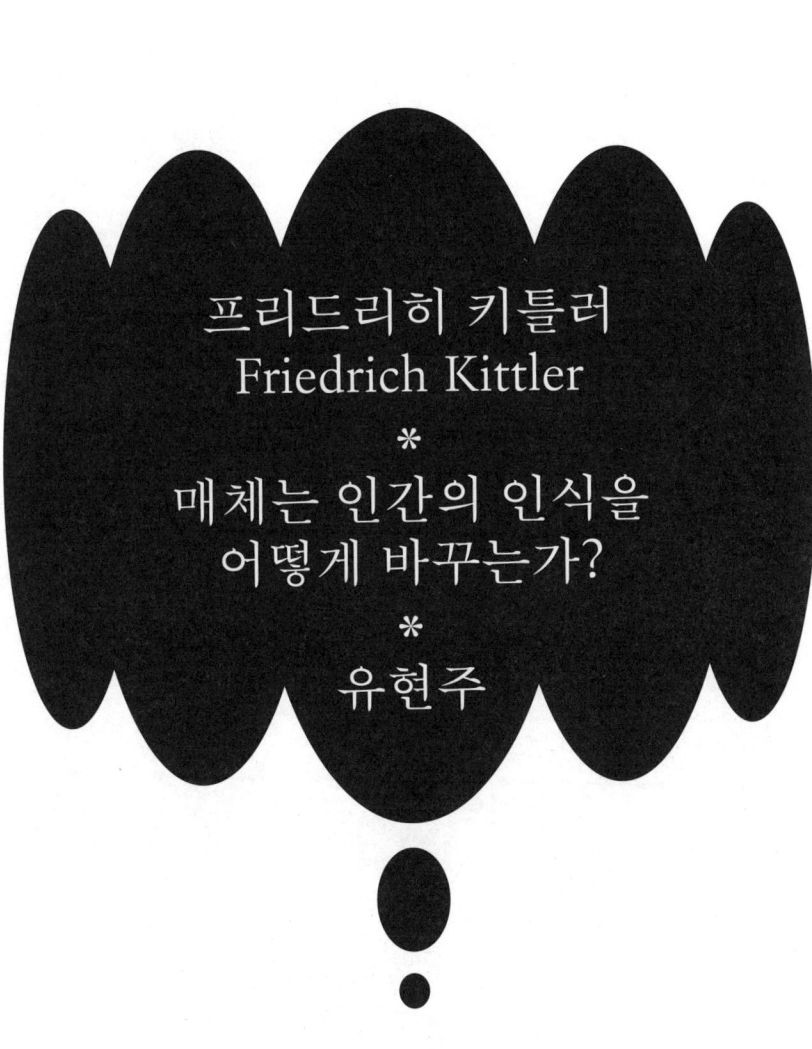

속삭이는 어머니의 목소리

최근 국내의 한 이동 통신사는 '부모의 목소리로 동화책을 읽어 주는' 인공 지능 스피커를 출시했다. 부모가 기본 문장 300개를 낭독해 녹음해 놓으면, 아이는 이를 통해 다양한 동화책을 들을 수 있다. 인공 지능 스피커가 딥 러닝 기술로 목소리를 분석한 뒤 음성 합성 기술로 부모의 육성과 매우 흡사한 음색을 만들어 내기 때문이다. 한때 아이들은 아버지 앞에 반듯이 앉아 성독(聲讀)을 하거나 동화책을 읽어 주는 어머니의 목소리에 귀를 기울였다. 하지만 이제는 인공 지능 스피커가 부모의 목소리를 대신하기 시작했다. 과연 오늘날 아이들은 누구의 목소리로 세계를 읽게 될 것이며, 이로 인해 어떠한 영향을 받게 될까?

매체학자 프리드리히 키틀러는 문자를 배우는 방식이 개인의 사고에, 그리고 더 나아가 한 시대의 문화 형성에 깊은 영향을 끼친다는 사실을 일찌감치 통찰했다. 키틀러에 따르면, 낭만주의 시대 독일 문학에 어머니, 여성, 자연에 대한 찬미가 나타나는 이유도 이와 무관하지 않다. 여기에는 1800년을 전후로 어머니의 역할이 크게 확대됐다는 점이 주요하게 작용한다. 당시 새롭게 부상한 부르주아 계급 가정에서는 아이들이 글을 읽고 쓸 수 있도록 가르치는 일이 어머니의 새로운 가정적·사회적 책무로 요구되었다. 아이들은 어머니가 낭독해 주는 최초의 소리를 듣고 낯선 단어의 발음을 익혔다. '가르침을 속삭이는 어머니'라는 관념이 새롭게 발명된 것이다. 그런데 어머니의 낭독을 통해 아이들이 배운 문자는 단순한 기호가 아니었다. 문자는 숭고한 내면의 소리, 즉 어머니의 목소리를 그 이면에 담고 있다고 여겨졌다. 아이들은 문자를 처음 읽을 때부터 어머니의 목소리를 들은 까닭에, 성장한 뒤에도 독서를 할 때마다 행간에서 어머니의 목소리를 떠올린다. 요한 볼프강 폰 괴테와 같은 남성 작가들도 예외는 아니다. 이들이 글쓰기를 통해 어머니의 목소리와 마주하기 때문이다. 그리하여 괴테는 이 시대의 대표작인 『파우스트』를 이렇게 끝맺는다. "영원히 여성적인 것이 우리를 이끌어 올리도다."

기록 체계: 매체사로 재편성된 문화사

이 논의에서 중요한 사실은 키틀러가 문자를 매체라고 본다는 점이다. 달리 말하면 매체가 인간의 인식을 바꾸는 것이다. 키틀러는 정보를 저장, 전달, 재현하는 방식을 매체라고 정의하며 문자를 최초의 매체라고 선언했다. 현대의 많은 매체 이론가들이 중요하게 다뤘던 언어나 음성은 정보를 저장하지 못한 채 사라진다는 점에서 매체가 아니다. 따라서 문자는 최초의 매체이자, 20세기 무렵 아날로그 기술 매체가 등장하기 전까지 유일한 매체였다. 키틀러는 인류 역사를 매체 변화의 관점에서 재구성하고자 했고, 문자 문화에 기반한 낭만주의 시대를 '기록 체계 1800'으로 명명했다. 키틀러가 제시한 '기록 체계'라는 개념은 인류의 문화적 정보를 저장, 전달,

재현하는 기술적 네트워크를 뜻하며 그 자체가 역사의 단위이다.

    키틀러가 보기에 정치 제도, 사상 등의 상부 구조는 역사의 단위를 구성하지 않는다. 마르크스주의에서 중요시했던 노동, 생산성 등의 하부 구조도 마찬가지다. 시대 구분의 기준이 되는 요소는 다름 아닌 정보 처리 기술이다. 다시 말해서 한 시대의 동질성이란 그 시대에 정보를 처리하는 방식이 동일하게 지속되고 있음을 뜻한다. 그렇다면 역사 단위의 변화는 의심할 여지없이 이를 주도하는 매체 변화에 의해 벌어진다. 정보를 처리하는 새로운 기술 매체가 도입되면 문화적 상부 구조 전체가 전복된다. 따라서 새로운 매체 기술의 침투와 균열은 언제나 사회 변화의 징후다. 키틀러의 매체 이론에서 인류의 문화사는 이러한 역사적 구도 속에서 매체사로 재구성되며, 인간 주체에 대한 기존의 인식 역시 극적으로 변한다.

매체 기술은 인간 주체를 어떻게 변화시켰는가?

20세기 초반은 매체사에 중요한 변화가 벌어진 시기다. 문자를 대신하는 새로운 정보 처리 기술이 등장했기 때문이다. 과학 기술의 발달과 함께 축음기, 영화, 타자기가 발명되었고, 이로써 소리, 이미지, 기호라는 정보를 따로따로 기록할 수 있게 되었다. 키틀러는 아날로그 기술 매체가 처음 등장한 이 시대를 '기록 체계 1900'이라고 일컬었다. 기록 체계 1900에서도 키틀러는 인간에게 관심을 두지 않는다. 키틀러가 중시하는 것은 인간 삶의 가장 근본적 조건을 구성하는 매체의 물질적 형식이다.

기록 체계 1900에서 시기적으로 가장 앞서서 등장한 축음기는 청각적 정보를 최초로 기록한 기계다. 축음기에서는 모든 소리가 동일한 가치로 재생되었다. 축음기가 발명되기 전 소리는 문자로 기호화된 채 저장되었으며 인간의 음성이 아닌 소리나 소음은 중요하게 인식되지 않았다. 그러나 축음기가 발명되자 각종 잡음이나 소음도 날것 상태 그대로 저장할 수 있게 되었다. 이전에는 존재감이 없던 소음이 한꺼번에 쏟아지자 인간의 인식도 새롭게 깨어났다. 인간은 녹음된 소음을 듣고 나서야 자신들이 유의미하다고 생각한 소리만을 선택적으로 들어 왔음을 깨달았다. 이 점에서 축음기는 정보 저장의 영역뿐만 아니라 문화와 예술 전반에도 엄청난 영향력을 행사했다. 그 결과 문학에서는 다다 등의 실험이, 음악에서는 아널드 쇤베르크의 무조 음악이, 학문에서는 지크문트 프로이트의 정신 분석학이 시작되었다.

뒤이어 영화가 등장했다. 영화는 시각적 정보를 기록하는 매체다. 하지만 영화는 한 번도 실재를 보여 준 적이 없다. 영화는 움직이지 않는 사진이 움직이는 것처럼 보이도록 1초에 스틸 컷 24장을 제시해 시각적 착시 효과를 일으킨다. 각각의 스틸 컷은 실제로 움직이지 않지만 인간의 지각은 이를 전혀 알아채지 못한다.

기록 체계 1900을 형성하는 마지막 기술 매체는 타자기다.

이전에도 문자라는 매체가 존재했지만, 타자기가 발명되면서 문자를 기록하는 방식에 커다란 전환이 일어났다. 우선 여성 타자수가 새롭게 등장하며 글을 쓰는 사람의 성별이 뒤바뀌었고, 남성 작가로만 이루어져 있던 문자 세계가 전복되었다. 또한 개인의 개성적 생각이 손을 통해 글로 곧장 드러나는 수기(手記) 방식과 달리, 타자기는 모든 것이 규격화된 새로운 기록 방식을 제시한다. 사람들은 내면의 목소리를 따르는 수기 방식의 글쓰기를 통해 독립적 개인으로 거듭날 수 있었다. 반면 분절된 알파벳을 불연속적으로 입력하는 타자기로 글을 쓰면서 개인은 익명화된 존재로 해체된다. 키틀러는 타자기의 등장으로 비로소 현대가 시작되었으며 낭만주의 시대부터 이어진 문자의 독점 역시 무너졌다고 지적한다.

인간 주체가 사라진 매체의 무대 위에서

인류 역사를 정보 처리 과정의 역사로 재해석해 낸 키틀러의 매체 이론은 서구 사상사에서 매우 특별한 위치에 놓여 있다. 키틀러 이전의 매체 이론에서는 사용자나 인간이 기계와 매체에 어떠한 의미를 부여하는지에 줄곧 집중했다. 하지만 키틀러는 기술에 의해 의미가 생산되는 방식, 기술이 사용자를 제어하는 방식에 주목해 기존과 다른 시각을 제시했다. '매체 유물론'이라고도 불리는 키틀러의 관점은 현대 문화 이론에도 많은 영향을 끼쳤고, 그 결과

정보를 처리하는 기술적 조건에 주목해 문화를 이해하는 문화 기술학적 경향이 최근 뚜렷하게 나타나고 있다.

    키틀러는 매체의 변화를 역사를 진행시키는 유일한 동력처럼 기술했다는 점에서 비판을 받기도 하지만, 인간과 기술이 어느 때보다 가까워진 시대에 새로운 방식으로 인간을 논했다는 점에서 긍정적으로 재평가되고 있다. 키틀러의 통찰에 따르면, 현대의 디지털 네트워크로 이어지는 매체의 역사에서 정보 처리 기술은 끝없는 순환을 통해 스스로 자율성을 획득하면서 인간의 설 자리를 축소하고 있다. 인간 없이 사물끼리 소통하는 사물 인터넷의 시대에 이와 같은 고찰은 매우 시급하다. 이렇듯 키틀러는 역사 속에 인간의 빈자리와 매체가 늘 존재했음을 다시금 일깨우며 인간과 인간을 둘러싼 기술에 대해 근본적인 질문을 제기한다.

프리드리히 키틀러
(Friedrich Kittler, 1943~2011)

+ 영향   × 비판   ◇ 동료

- 관련 인물

&#43;	&#43;	◇	◇
미셸 푸코	자크 라캉	폴 비릴리오	빌렘 플루서

- 분야: 미디어 연구, 독일어 문학, 문화학
- 사상: 미디어 고고학
- 주요 활동·사건: 베를린 매체 학파 결성(1993)

세계적으로 영향력 있는 매체 이론가로, 매체의 개념과 역할에 대해 혁신적이고 대담한 주장을 펼쳤다. 1943년 독일 작센주 로흘리츠에서 태어났다. 1963년 프라이부르크대학교에 입학해 독일어문학, 로망어문헌학, 철학을 공부하며 마르틴 하이데거, 프리드리히 니체 외에도 자크 라캉, 자크 데리다, 미셸 푸코 등 당시 새롭게 등장한 프랑스 이론을 적극적으로 수용했다. 1976년 시인 겸 소설가 콘라트 페르디난트 마이어에 관한 논문으로 박사 학위를 받았다. 1982년 독일 문학사 전공 교수 자격 취득을 위해 논문 「기록시스템 1800·1900」을 제출했다. 하지만 논문은 파격적인 형식과 내용 때문에 2년 만에야 통과됐다. 1987년 보훔대학교 현대 독일 문학 교수로 부임했고, 1993년 훔볼트대학교 문화학과로 자리를 옮겼다. 이 시기에 '베를린 매체 학파'를 만들어 독일 매체 이론을 본격적으로 이끌었다.

주요 저술로 『기록시스템 1800·1900』(1985)과 『축음기, 영화, 타자기』(1986)가 있고, 이 두 권의 책으로 독창적 매체학자로서 명성을 얻었다.『기록시스템 1800·1900』은 박사 논문을 단행본으로 펴낸 책으로, 19세기 이후 문화사를 매체 변화의 관점에서 재구성해 큰 반향을 일으켰다.『축음기, 영화, 타자기』에서는 최초의 아날로그 기술 매체가 태동한 1900년대를 집중적으로 분석하며, 이들 기술 매체가 불러 온 혁명적 변화상을 세밀하게 추적한다. 이들 저서에는 매체가 정보를 저장하고 전송하는 방식에 따라 인간의 감각과 지각이 어떻게 변하는지에 대한 논의가 잘 드러나 있다. 또한 푸코의 고고학적 분석을 매체 이론의 관점에서 전유함으로써 동시대 매체를 새롭게 바라보는 분과인 '미디어 고고학'이 탄생하는 계기가 되었다.

    2000년 이후에는 고대 그리스에 대한 문화 기술학 연구로 선회했다. 고대 철학, 음악, 아름다움, 숫자와 같은 근원적 문화를 현대 디지털 문화와 연결하는 폭넓은 사유를 펼쳤다. 그러나 2011년 10월 만 68세의 나이로 사망하며 전체 프로젝트는 미완의 상태로 남았다. 그 밖에『드라큘라의 유산』(1993),『광학적 미디어』(2002),『그리스로부터』(2001),『소음과 계시 사이』(2002) 등 다양한 저서를 펴냈다.

- 『기록 시스템 1800·1900』, 윤원화 옮김, 문학동네, 2015.
- 『축음기, 영화, 타자기』, 유현주·김남시 옮김, 문학과지성사, 2019.
- 『음악과 수학: 제1부 헬라스 제1권 아프로디테』, 박언영 옮김, 매미, 2019.
- 『광학적 미디어: 1999년 베를린 강의 - 예술, 기술, 전쟁』, 윤원화 옮김, 현실문화, 2011.

필리프 데스콜라
Philippe Descola

＊

자연과 문화의 대립 바깥에는
어떤 세계가 있는가?

＊

박세진

'자연'이라고 마음속으로 말해 보자. 무엇이 떠오르는가? 나는 여기 제주의 풍광이 떠오른다. 지난 몇 년간 수없이 아름답다는 말을 내뱉게 했던 숲, 오름, 바다, 하늘. 하지만 나는 도로 확장을 이유로 잘려 나간 비자림로의 삼나무들과 제2공항이 생기면 콘크리트로 뒤덮일 성산의 들판 역시 생각한다. 이렇게 나는 제주의 자연에 찬탄하면서 그 파괴를 한탄하지만, 과연 내가 누리는 삶의 혜택들 중 자연을 길들이거나 해하지 않고 얻어 낸 것이 하나라도 있을까?

자연의 이용과 보호라는 상반된 입장은 사실 동일한 지평 위에서 적대적으로 공존한다. 두 입장 모두 자연을 대상화한다. 양쪽 모두에서 자연은 인간중심주의에 복종한다. 인간의 기쁨을 위해 이용되고 희생되는 자연은 인간의 더 큰 기쁨을 위해, 또는 인간의 고통(가령 잘린 나무를 볼 때의 마음 아픔)을 없애기 위해 보호된다. 이처럼 인간은 자기중심적으로 자연을 대상화하면서 스스로를 자연 밖에 위치시킨다. 우리는 자연이라는 전제에 맞선 지난한 투쟁을 통해 쟁취한 '문화(또는 문명)'의 편에 서서 자연을 바라본다.

아마존의 인간주의

인류학자 필리프 데스콜라는 이러한 관점이 근대 서구인 또는 서구화된 인류의 전유물임을 지적한다. 자연과 분리되어 있고 그것에 대립하는 문화의 영역 안에 인간이 자리한다는 관념은 르네상스 이후 모습을 갖춰 서구의 정치·경제 모델과 더불어 전 지구적으로 확산된다. 데스콜라는 이 같은 사고의 지평을 '자연주의'라고 부르는데, 그 핵심 명제는 인간이 여타의 종들과는 다른 부류, 다른 세계에 속한다는 것이다.

이에 반해 데스콜라가 연구한 아마존의 아추아인들에게는 서구화된 인류가 자연이라고 대상화하는 숲과 강이 바로 자신들의 세계이다. 그들은 숲과 강의 온갖 존재들과 육체적·영적으로 교류하면서 그곳을 자신들의 세계로 만든다. 동식물 종들이 영혼을 가지고 자율적인 삶을 살아간다고 여기면서, 아추아인들은 자신들 사이에서 통용되는 상호 작용의 양식을 비인간과의 관계로 확장한다. 여자들은 밭에서 기르는 작물을 자식처럼 대하고 남자들은 숲에서 사냥하는 동물을 처남처럼 취급한다. 아추아인의 사회적 삶 대부분을 관장하는 친족의 원리는 아추아인과 비인간 존재들 사이의 교류 또한 조직한다.

그런데 이것은 일종의 전도된 인간중심주의가 아닐까? 인간만이 독점하는 지적·영적·도덕적 속성에 대한 믿음에 입각해 다른 생명체보다 우월한 존재로 스스로를 표상하는 서구적 인간중심주의를 반대로 뒤집어, 아마존 민족들은 인간적 속성의 공유라는 가설에 따라 비인간 종들을 자신과 동등한 사회적 파트너로 대우한다. 인간-비인간의 근본적 연속성이라는 존재론적 테제를 지지하는 흥미로운 과정 중 하나는 꿈속에서 이뤄지는 만남이다. 아추아인들은 꿈꾸는 자의 영혼이 몸의 굴레에서 벗어나 역시 꿈을 꾸고 있는 다른 동식물의 영혼과 교류한다고 여긴다. 가령 사냥꾼은 내일 사냥할 동물의 영혼과 꿈에서 만나는데, 특기할 점은 꿈속에서 모든 존재가 인간의 형상을 하고 있다는 사실이다.

현실에서 서로 다른 껍질을 쓰고 있는 존재들이 꿈에서는 하나같이 인간의 모습을 띠고 서로를 만난다는 믿음은, 보이지 않는 곳에서 이뤄지는 동식물들의 삶에 대한 인간주의적 상상과 연결된다. 각각의 종들은 나름의 언어, 친족 규범, 의례적 실천, 추장과 샤먼으로 대표되는 분업 체계를 가진 '사회'를 이뤄 살아간다. 아마존적 세계에는 자연과 문화의 구분이 존재하지 않는다. 그 대신 근본적 동일성을 갖는 인간과 비인간의 '사회들'이 세계를 평등하게 구획하는데, 데스콜라는 세계를 만들고 살아가는 아마존 원주민들의 방식을 '애니미즘'이라고 부른다.

네 가지 존재론

애니미즘의 세계에서는 불가능한 일들이 있다. 예컨대 가축 사육이 그중 하나다. 모든 생명은 다른 생명을 취해서만 살아갈 수 있기에 살생 자체가 문제는 아니다. 하지만 인간이 다른 생명을 길들인다는 것, 가령 돼지를 우리에 가두고 주인 행세를 한다는 것은 다른 차원의 문제다. 아마존 원주민이 할 수 없는 일이 바로 이것이다. 길들일 동물이나 기술이 없어서가 아니라 인간과 비인간 사이에 설정된 존재론적 관계로 인해 아마존 원주민은 사냥꾼에 머문다.

데스콜라는 아마존 원주민의 존재론과 근대 서구의 존재론을 대비시킨다. 서구의 자연주의는 인간과 비인간이 육체성의 차원에서는 유사한 반면, 내면성의 차원에서는 본질적 차이가 있다고 전제한다. 비록 다른 종들과 같은 질료로 구성되지만, 오직 인간에게만 영혼이 있다. 반대로 아마존의 애니미즘은 육체성의 차원에서는 차이를, 내면성의 차원에서는 유사성을 가정한다. 인간과 비인간은 서로 다른 껍질을 쓰고 있을 뿐 동일한 속성의 내면을 가지고 자율적 삶을 영위한다는 점에서 근본적으로 동등하다.

자연주의와 애니미즘 외에 논리적으로 두 가지 조합이 더 가능하다. 먼저 육체성과 내면성 양쪽 모두에서 인간과 비인간이 유사하다고 간주할 수 있다. 데스콜라는 호주 원주민의 '토테미즘'에서 이 모델의 실현을 본다. 인간-비인간의 존재론적 연속성을 아마존의 경우보다 더 급진적인 방식으로 설정하는 토테미즘의 세계에서도 동식물을 길들이는 일은 물론 허용되지 않는다. 오히려 특정 동식물 종(예컨대 캥거루)은 세계를 창조한 신화적 영웅의 매개를 통해 특정 인간 집단('캥거루 혈족')과 존재론적으로 일체화된다. 마지막 모델은 육체성과 내면성의 양 차원 모두에서 차이를 가정하는 '유비주의'다. 크고 작은 농경·유목 문명에서 현실화되는 유비주의적 세계의 중심에는 신(조상)과 인간 사이의 위계, 보호, 복종의 관계가 있다. 이런 관계와의 유비를 통해 왕과

백성, 주인과 노예, 인간과 가축 등의 다른 관계들, 나아가 동물 왕국의 구성원들 사이의 관계 역시 파악된다.

가지 않은 길

데스콜라가 전하는 아마존의 삶과 사유는 매력적이다. 환경에 대한 파괴적 개입과 동식물에 대한 착취로 귀결되는 서구적 인간중심주의를 버리고, 아마존 식의 공유와 공존의 사고를 되찾자고 말하고 싶은 유혹마저 든다. 하지만 우리 자신을 포함한 서구화된 인류는 숲과 밭에서 이뤄지는 육체적·영적 교류가 아니라 대개 자본주의적 임노동과 슈퍼마켓에서의 소비를 통해 일용할 양식을 얻는다. 현대적 삶의 대부분은 친족 관계의 규제 밖에 놓여 있으며, 우리는 숲과 강 대신 빌딩과 상하수도에 둘러싸여 생활한다. 이러한 존재가 과연 아마존적 의식을 감당할 수 있을까?

데스콜라는 서구화된 인류의 인식론적 오류와 도덕적 파탄을 교정해 줄 대안 모델을 원주민들에게서 찾으려는 시도를 경계한다. 데스콜라가 생각하는 인류학의 사명은 인간이 세계를 만들고 살아가는 다양한 방식에 대한 인식을 생산하는 일이다. 데스콜라의 네 가지 존재론이 예시하듯 인류학은 인간이 밟아 온 여러 갈래의 길을 보여 준다. 이를 통해 우리는 자신의 삶의 양식을 절대화해서는 안 된다는 사실, 지금 인류가 걷고 있는 것과 다른 길이 가능하다는 사실을 깨닫는다.

자연과 문화의 대립 바깥에는 어떤 세계가 있는가?

그렇다면 서구화된 인류는 앞으로 어떤 길을 걸을까? 자연주의적 세계의 미래는 어떤 모습일까? 데스콜라 자신은 이 문제를 적극적으로 사고하지 않는다. 충실한 과학자로서 그가 현재 집중하는 작업은 하나의 존재론에서 다른 존재론으로 변형을 가능케 하는 형식적 조건을 밝히고, 상이한 존재론들이 함께 묶여 혼종적 모델을 만들어 내는 사례를 분석하는 데 있다. 데스콜라는 이미 존재하거나 존재했던 것들을 대상으로 자신이 주창하는 '다원주의적 인류학'을 심화하고 있지만, 세계를 구성하는 인간적 방식의 복수성을 해명하고자 하는 이 기획을 '존재할 수 있는 것'에 대한 탐구로 확장하는 것 또한 가능하지 않을까? 인간이 아직 가지 않은 길에 대한 이 사고 실험은 한 가지 사실을 기억해야 할 것이다. 인간과 비인간 사이의 존재론적 동등성을 설정하는 모든 세계에서는, 한 인간과 다른 인간 사이의 존재론적 위계가 사고되는 것 역시 거부되었다는 사실을.

필리프 데스콜라
(Philippe Descola, 1949~)

+ 영향   × 비판   ◇ 동료

- 관련 인물

　　　+　　　　　　　　◇　　　　　　　　⊗
　클로드 레비스트로스　　팀 잉골드　　에두아르두 비베이루스 지 카스트루

- 분야: 인류학, 남아메리카 민족학
- 사상: 구조주의, 인지 인류학
- 주요 활동·사건: 자연/문화 이원론 비판, 네 가지 존재론 이론화

프랑스 파리에서 태어나 생클루고등사범학교에서 철학을 전공한 뒤 파리 제10대학교와 고등실습연구원에서 인류학을 공부했다. 구조주의 인류학을 선도한 클로드 레비스트로스의 지도 아래 에콰도르 아마존 우림의 아추아인들이 생태 환경과 동식물 종들을 사회화하는 방식을 연구해 박사 학위를 받았다.

　1984년부터 사회과학고등연구원에서 인간-비인간 관계의 비교 인류학, 불변항·보편항·다양성 등을 주제로 한 연구 모임을 이끌었다. 2000년 콜레주드프랑스 자연 인류학 교수로 선출됐고, 이로써 마르셀 모스에서 시작되는 프랑스 사회인류학의 계보를 잇는 적자로 자리매김했다. 2012년 프랑스 학계에서 가장 영예로운 상으로 간주되는 국립과학연구소 금메달을 수상했다.

　주요 저서로『길들여진 자연』(1986),『황혼의 창』(1993),『자연과 문화를 넘어서』(2005)가 있다.『길들여진 자연』에서는 아추아인의 생태계를 분석해 이것이 인간과 비인간을 포괄하는 사회성의

관계망임을 밝혀냈다. 『황혼의 창』은 삶과 죽음, 전쟁과 정치, 신화와 주술, 영토와 정체성 등 다양한 층위에 걸친 아추아인의 삶을 증언한다. 주저 『자연과 문화를 넘어서』에서는 민족지적·역사적 자료를 광범위하게 비교 분석해 인간과 비인간 종들이 관계를 맺고 상호 작용하는 다양한 방식을 탐구했다. 이로써 자연주의, 애니미즘, 토테미즘, 유비주의 등 이른바 '네 가지 존재론'을 도출해 냈다.

나이절 스리프트
Nigel Thrift

*

도시는 물리적 관계로만
이루어지는가?

*

송원섭

도시라는 공간에서 인간은 단수적 주체로 존재할까, 복수적 주체로 존재할까? 20세기 말까지 지리학자들은 인간을 단수적 주체로 간주했다. 이들은 도시민들 각각의 차이와 개성에 주목하기보다 도시민 전체를 하나의 변수로 보고, 도시를 올바르게 계획하고 설계하는 것만으로도 도시민의 삶을 풍요롭게 만들 수 있다고 믿었다.

    이런 믿음은 도시 공간과 인간이 단선적 인과 관계, 즉 재현적 관계로 연결되어 있다는 생각을 바탕으로 한다. 가령 누군가가 어느 전시장에서 행복하게 웃는 얼굴의 인물화를 감상하고 있다고 상상해 보자. 기존의 주류 지리학에 따르면, 이 그림은 감상자에게 행복한 감정을 자아내고(재현하고) 감상자의 행복한 감정은 다시 그림으로 투영(재현)된다. 당시에는 이런 이유에서 도시 공간과 인간의 관계를 '재현적'이라고 설명했다.

정서, 도시-도시민의 유기적 관계를 이해할 열쇠

문화 지리학자 나이절 스리프트는 인간 주체의 복수성을 고려하지 않았다는 점에서 재현적 이해에 크나큰 오류가 있다고 생각했다. 실제 도시에는 수많은 사람들이 살지만 도시 연구에서 이들은 '도시에 사는 사람'이라는 하나의 묶음으로 여겨진다. 반면 스리프트는 도시와 인간의 관계가 훨씬 다층적이고 다면적이라고 보았다.

스리프트는 특히 '정서(affect)'라는 개념에 주목했다. 만약 앞서 언급한 전시장의 온도나 습도가 불쾌감을 줄 정도로 너무 높거나 낮다면, 아무리 행복한 표정의 인물화를 보고 있다고 해서 감상자의 기분이 마냥 행복하지는 않을 것이다. 옆 사람이 고약한 냄새를 풍긴다거나 연인에게 이별을 통보받은 직후 전시장에 들어섰을 때에도 마찬가지다.

이렇듯 '행복한 그림과 행복한 감상자'라는 단선적 구조와 재현적 설명만으로는 그림과 감상자의 관계를 제대로 이해하기 어렵다. 하지만 기억, 냄새, 온도, 습도 등 인간과 비인간 요소의 관계에서 드러나는 신체적 감응과 그것에서 비롯되는 정서에 초점을 맞추면, 물리적 대상과 인간의 관계를 훨씬 다채롭고 깊이 있게 이해할 수 있다.

스리프트의 '비재현적' 설명은 그간의 도시 연구가 거대 이론과 재현적 접근으로 점철된 채 도시와 도시민의 관계를 깊이 있게 이해하는 데 실패했음을 역설한다. 이 관계를 제대로 이해하려면 도시의 정서적 장을 통찰해야만 한다. 즉 도시의 다양한 물리적 조건, 그 조건에 대한 도시민들의 다양한 경험·감정·기억, 생활 영역에 있는 다른 도시민들과의 관계 등을 다층적으로 분석해야 한다. 도시와 도시민의 유기적 연결을 이해할 때 도시와 도시민 사이에서 유영하는 정서 또한 파악할 수 있기 때문이다.

세종시의 사례: 도시민이 단수적 주체로 환원되는 과정
세종특별자치시의 도시 설계 과정은 도시민이 단수적 주체로 환원되는 과정을 잘 보여 주는 사례다. 세종시 건립추진위원회는 도시 설계의 기본 개념을 국제 공모로 선정하기로 결정하고 지리학자 데이비드 하비를 심사 위원으로 초청했다. 하비는 중심 공간이 비어 있는 환형의 설계안을 당선작으로 뽑았다. 그는 환형이라는 공간 구조가 중심 없이 평등한 이념을 표현(재현)한다는 의도를 높이 평가했다.

만약 스리프트가 이 심사 과정을 지켜보았다면 아쉬움을 토로했을 것이다. 중심 없는 평등한 이념이 도시 공간에 재현된다고 해서 정말로 모든 도시민의 삶이 평등해질 수 있을까? 이런 믿음은 오히려 단선적이고 일방적이지 않은가? 환형의 설계안은 세종시가 계획되기 훨씬 전부터 그곳에 살아 온 지역 주민들의 존재를 전혀 고려하지 않았다는 점에서 문제가 된다. 세종시 중심 지역에 해당하는 빈 공간과 환형의 건축물이 들어설 공간이 원주민들의 생활 세계에서 어떤 지리적·존재론적 위상을 지니는지에 대해서는 아무런 고민조차 하지 않은 것이다.

세종시가 건설된 이후 세종시 원주민들은 어느 아파트 단지의 같은 동에 모여 살아가고 있다. 과연 이들 원주민이 현재 도시 공간에 대해 느끼는 정서는 설계안의 탈중심적이고 평등한 이념과 합치되고 있을까? 만약 합치되지 않는다면 어떤 과도기적 과정을 겪고 있을까? 원주민들은 과거 촌락 공간에 익숙한 자신들의 정서를 새로운 도시 공간이 요구하는 정서로 변환하려 노력하고 있을까? 아니면 새로운 도시의 분위기를 철저하게 거부하고 자신들의 본래 정서를 고수한 채 과거 삶의 터전을 그리워하고 있을까? 스리프트의 관점에서 보면, 이념과 그것의 영향을 받는 단수적 인간 주체의 재현적 도식만으로는 세종시를 온전히 이해할 수 없다. 도시 공간은 복수의 도시민과 그들의 정서를 통해 직조되기 때문이다.

    스리프트는 도시민 개개인을 개별적 독립 변수로 바라보는 작업을 통해 도시민 삶의 구체적인 결들, 즉 인간과 비인간적 요소 사이의 정서가 도시 공간을 어떻게 직조해 나가는지를 이해하고자 했다. 그는 도시 공간을 덜 체계적이더라도 더 윤리적으로(less systematic/positivistic, more ethics) 이해해야 함을 역설한다. 더 다양한 인종, 계층, 성별이 도시에 모여 살아가는 오늘날에는 저마다 고유한 목소리를 내는 이 복수의 주체를 있는 그대로 바라보고 이들이 도시의 물리적 조직과 어떻게 정서적 관계를 맺고 유기적으로 결합하는지를 살펴보는 일이 특히나 중요하다.

도시를 살아 있는 공간으로 보려면

스리프트는 인간과 도시의 물리적 조직과 이들 사이의 정서적 관계를 조명함으로써 인간과 도시의 관계에 대한 결정론적 사고를 잠시 유보하고자 한다. 도시 공간의 의미는 해당 공간을 구성하는 물리적 요소들과 인간의 반응에 따라 다양한 색채를 띠게 된다. 즉 도시 공간의 의미는 관계적 상황에 따라 언제나 유동적으로 변화한다. 하지만 과학적·실증적 방법만으로는 공간에 대한 온전한 이해에 도달할 수 없다. 우리가 살아가는 도시 공간은 복잡하게 벌어지는 사회적·정치적·경제적 현상과 다양한 인간적 경험들로 이루어져 있기 때문이다. 도시에 살아가는 사람들의 수에 비례해 도시 공간의 의미에 대한 다양성과 불확실성은 증가한다. 결정론적 사고를 바탕으로 한 과학적·실증적 접근으로는 도시 공간에 의미론적으로 내재된 다양성과 불확실성에 다가갈 수 없다.

스리프트는 고정되지 않은 의미를 결정론적 사고로 파악하는 시도를 지양하고자 했다. 도시 공간의 의미는 공간과 인간 사이의 다면적·다층적 관계에서 발생하며 그 의미는 관계적으로 이해되어야 한다. 따라서 도시는 실증주의적으로 공간의 완결성을 논하는 사회 과학의 보수적 관점에서 벗어나, 공간과 인간 간의 정서에 대한 미시적 접근을 통해 이해되어야 한다.

이것은 도시 공간에 대한 사회 과학적 접근과 인문학적 접근이라는 이분법의 화해를 의미한다. 도시 공간에 대한 사회 과학적 접근은 엄밀한 객관성을 통해 도시 공간에 대한 체계적 이해를 지향하고자 한다. 반면에 도시 공간에 대한 인문학적 접근은 도시 공간의 핵심 요소를 인간으로 보기 때문에 인간을 감성적 차원에서 이해하고자 한다. 스리프트는 도시와 인간 간의 관계적 접근을 통해 이런 이분법적 접근을 화해시키고 도시 공간에 대한 인식론적 합의를 도모하고자 한다.

    도시 공간은 사회 과학적 접근을 통해 이해될 수 있는 측면이 있는 동시에 인문학적 접근을 통해 이해될 수 있는 측면이 있다. 스리프트가 보기에 각각의 측면은 서로에 반하여 존재하는 게 아니라 공존한다. 그는 각각의 측면이 연결된다면 어떠한 맥락에서 연결되는지, 각각의 측면이 연결되지 않는다면 어떠한 맥락에서 연결되지 않는지를 확인하고자 도시와 인간 사이의 정서에 관심을 기울였다. 앞서 언급한 세종특별자치시를 예로 들자면, 공간에 재현된 평등의 이념이 세종 시민들의 삶에 실재로 재현될 때 어떠한 맥락에서 그것이 이루어지는지를 분석하려면 세종시와 세종 시민들 사이의 정서에 관심을 기울여야 한다. 공간에 재현된 평등의 이념이 세종 시민들의 실제 삶에 재현되지 않을 때에도 마찬가지다.

    스리프트는 도시와 인간 사이의 정서에 관심을 둠으로써 도시민들을 복수화하고, 동시에 도시를 살아 움직이는, 고정적 의미를 부여할 수 없는 공간으로 바라보고자 했다. 그의 프로젝트는 여전히 현재 진행형이다. 도시와 인간 사이에 존재하는 공간에 대한 관심이 곧 도시 공간에 대한 이해임을 역설하는 스리프트의 지리적 사고는 도시를 죽어 있는 공간에서 살아 있는 공간으로 전환해 준다.

나이절 스리프트
(Nigel Thrift, 1949~)

+ 영향　✕ 비판　◇ 동료

- 관련 인물

+	+	✳	⊕
질 들뢰즈·펠릭스 가타리	앤서니 기든스	데이비드 하비	팀 잉골드

- 분야: 문화 지리학, 정치 지리학, 지리 철학
- 사상: 비재현 이론, 탈구조주의, 후기 현상학
- 주요 활동·사건: 비재현 지리학 창안, 영국왕립지리학회 빅토리아 훈장 서훈(2003), 영국 고등 교육 분야 기사 작위 서훈(2015)

1949년 영국 바스에서 출생한 문화 지리학자다. 1978년 브리스톨대학교 지리학과에서 「지리학에서의 공간-시간 모델링」이라는 논문으로 박사 학위를 받았다. 워릭대학교 부총장을 거쳐 현재 국립싱가포르대학교 방문학자로 재직하고 있다. 2015년에는 평생 고등 교육에 기여한 공로를 인정받아 영국 연방으로부터 기사 작위를 받았다.

　질 들뢰즈와 펠릭스 가타리의 포스트구조주의 철학을 기반으로 문화와 공간의 연결 방식에 대한 연구를 수행했다. 사회학자 앤서니 기든스가 제시한 구조화 개념을 비롯해 정서, 비재현 등의 개념을 문화 지리학의 공간 연구에 도입했다. 공간적·지리적 환경을 인간 행위와 분리된 독립적인 물리적 구조로 보지 않고 인간의 행위가 공간을 구성한다고 생각한다.

　공간이 물리적 환경으로서 인간 행위에 의해 매 순간 재편되는 메커니즘을 연구하고자 거시와 미시의 연계에 대해 탐구했다. 인간의 정서로 개념화되는 미시적 맥락의 상호 작용이 거시적 공간 재편에 영향을 미치고, 거시적 과정이 인간 정서의 미시적 과정에 영향을 미친다는 점을 연구했다. 공간에 대한 미시 수준과 거시 수준을 동시에 탐구함으로써 문화 지리학 공간 연구의 지평을 넓혔다.

『자본주의 알기』(2005)에서 자본주의의 의미가 과학 기술, 금융 제도, 정치 제도, 기업 경영 방식 등의 다양한 요소와 맞물림으로써 인간의 삶에 어떤 방식으로 투영되고 나타나는지를 분석했다. 이로써 자본주의라는 하나의 이념이 인간의 생활 세계에서 어떻게 다양체로서 존재할 수 있는지를 탐구했다. 자본의 미시적 차원에 대한 관심은 『비재현 이론』(2007)을 통해 더욱 확장되었다. 『비재현 이론』에서는 자본주의와 인간 사이의 정서적 관계가 어떻게 물질적 경관으로 드러나는지를 심도 깊게 논의했다.

- 닉 빙엄 공저, 「여행자를 위한 몇 가지 지침: 브뤼노 라투르와 미셸 세르의 지리학」, 마이크 크랭·나이절 스리프트 엮음, 『공간적 사유』, 최병두 옮김, 에코리브르, 2013, 469~502쪽.
- 「공간」, 외르크 되링·트리스탄 틸만 엮음, 『공간적 전회』, 이기숙 옮김, 심산, 2015, 457~474쪽.
- 「글래머의 물질적 실행에 대한 이해」, 멜리사 그레그·그레고리 시그워스 엮음, 『정동 이론: 몸과 문화·윤리·정치의 마주침에서 생겨나는 것들에 대한 연구』, 최성희 등 옮김, 갈무리, 2015, 451~482쪽.
- 「감정의 심도: 감정의 공간 정치에 대하여」, 헬무트 베르킹 엮음, 『국경 없는 세계에서 지역의 힘: 공간과 사회의 결합에 대한 사유 방법』, 조관연 등 옮김, 에코리브르, 2017, 275~322쪽.

지크프리트 칠린스키
Siegfried Zielinski

*

올드 미디어는 어떻게
뉴 미디어와 연결되는가?

*

유시 파리카·정찬철

©이정호

어느 이론가의 작업을 이해하는 방식 가운데 하나는 그가 다른 연구자들 사이에서 어떤 존재로 회자되는지를 들여다보는 것이다. 한 이론가의 개념, 견해, 스타일 중 어느 부분은 이목을 끌고 그렇지 않은 부분은 관심 밖으로 밀려난다. 미디어 이론가 지크프리트 칠린스키의 경우도 마찬가지다. 칠린스키는 미디어를 중심으로 학문 간의 역사적 네트워크 구축을 추구하는 미디어 고고학 분야에서 중요한 저작을 남겼으며 특히 미디어, 예술, 과학의 역사에 내재한 '심원한 시간(deep time)'에 대한 연구로 잘 알려져 있다.

미디어의 역사는 성장과 발전의 과정이기만 한가?
2011년 칠린스키의 예순 번째 생일을 기념해『지식의 대상들』이라는 책이 출간됐다.『지식의 대상들』은 칠린스키의 동료들이 그에게 헌정한 책으로, 심원한 시간, 변종학(variantology)등 칠린스키가 제시한 독창적 개념들에 대한 일종의 해설집이다. 이 책의 저자들은 미디어로 간주되지 않던 것들이 미디어로 논의되는 데 칠린스키가 얼마나 막대한 영향을 끼쳤는지를 보여 주고자 칠린스키가 그랬듯 기이한 대상, 사물, 생각들을 파헤친다.

     사람들은 보통 미디어를 정의할 때 미디어를 통해 전달되는 내용에만 집중하기 쉽다. 하지만 칠린스키는 지식과 정보를 기록·저장·유지·보수·분리·분류하는 모든 장치와 도구를 미디어로 정의했다. 그런 이유에서『지식의 대상들』에는 바구니, 책 파쇄기,

욕조, 건조 과일, 필모스코프, 만년필, 가이거 계수기, 손, 선, 페나키스토스코프, 정어리 통조림, 측면 주사 음향기, 계산자, 타자기, 콘센트처럼 무언가를 저장·전달·수정·기록하는 갖가지 사물이 미디어의 사례로 제시된다. 칠린스키가 미디어라는 용어를 지나치게 남발했음을 인정하지 않을 수 없지만, 덕분에 사람들은 미디어에 대한 해방적 감각을 터득할 수 있다. 미디어에 대한 주류적 관점, 즉 미디어는 관객과 소비자에게 만족감을 주는 오락거리에 불과하다는 시각에 더 이상 얽매이지 않게 된 것이다.

미디어 고고학은 고고학이라는 용어 때문에 망각된 과거의 미디어를 파헤쳐 역사의 빈칸을 채우거나 미디어의 기원을 찾는 학문으로 오해하기 쉽다. 하지만 미디어 고고학은 미디어를 새로운 시대, 지식, 체제의 출현을 이끈 행위자로 바라봄으로써 미디어를 역사의 중심으로 되돌려 놓는 학문적 전략이다.

칠린스키는 근대, 근대 이후 등 오늘날 인류가 일반적으로 받아들이는 역사적 시간 단위로는 장구한 미디어의 역사를 충분히 이해할 수 없음을 보여 주었다. 이와 같은 논점은 미디어 연구에서 텔레비전, 영화, 인터넷, 컴퓨터 등만을 다루는 데 지루함을 호소하는 이들에게 크나큰 자극을 준다. 가령 텔레비전과 영화가 쥐고 있던 패권의 역사는 미디어 고고학이 열어젖힌 더 광범위한 차원의 '시청각' 문화사에서 보자면 지극히 미비한 일부분에 지나지 않는다.『미디어의 심원한 시간』이 고대 그리스 철학자

엠페도클레스의 지각 이론에서 시작해 17세기 독일의 예수회 수도사 아타나시우스 키르허의 빛과 그림자에 관한 탐구로 끝나는 이유도 바로 이 때문이다. 2000년이 넘는 역사를 동등한 시대적 지평에서 논하고자 한 것이다.

칠린스키는 미디어 고고학을 미디어의 심원한 시간에 대한 탐구로 발전시켰다. 그는 과학사학자 스티븐 제이 굴드가 선형적 진보의 시간성을 거부하며 제시한 개념인 '심원한 시간'을 동원해 올드 미디어가 뉴 미디어로 선형적으로 진화한다는 인식을 거부했다. 미디어의 역사를 성장과 발전의 과정으로만 이해하는 학제적 관습을 넘어 대안적 시간성을 찾아내고자 한 것이다. 칠린스키에 따르면, 미디어 문화는 시간과 물질성이 침전되어 겹겹이 쌓인 형상을 띤다. 이 주름진 형상 속에서 과거는 불현듯 새롭게 떠오르고 새로운 미디어는 과거가 반복된 결과로서 나타난다. 즉 칠린스키가 말하는 미디어의 심원한 시간 속에서 올드 미디어는 뉴 미디어가 되고, 뉴 미디어는 올드 미디어가 된다.

한편 칠린스키는 과거와 현재의 미디어를 중첩함으로써 오늘날의 시장 경제가 선전하는 것과는 다른 방식으로 기술을 이해한다. 오늘날 미디어 문화에서는 모두를 구원하는 은총이나 해결책인 양 새로운 기술을 맹목적으로 숭배하지만, 칠린스키는 뉴 미디어에 담긴 올드 미디어를 찾아내고 올드 미디어에 담긴 뉴 미디어를 찾아냄으로써 이와 같은 관점을 뒤틀어 버린다. 칠린스키의 미디어 고고학은 이렇듯 선형적 시간의 흐름에 저항한다. 그는 이런 의미에서 자신의 작업을 '반고고학'이라 부르기도 한다.

사물을 다르게 상상하는 미디어 변종학

칠린스키가 미디어 고고학에 기여한 방대한 업적을 정당하게 평가하려면 그를 미디어 변종학자(variantologist)라 명명해야 한다. 칠린스키가 별도의 방법론으로 제시하는 변종학에는 독자적이고도 흥미로운 계획이 있다. 변종학은 예술·과학·미디어의 역사에서 대안적인 문화적 실천을 모아 둔 매력적인 컬렉션이기도 하지만 그것이 변종학의 전부는 아니다. 변종학이라는 명칭 자체가 학제적 관습과 경계의 너머를 바라보려는 시도로 생겨났기 때문이다.

변종학은 칠린스키가 '중간 도착증(psychopathia medialis)'이라 이름 붙인 것의 패권적 지위에 반기를 든다. 중간 도착증은 미디어를 오락의 차원에서만 바라보는 자본주의 문화의 특징으로, 미디어의 운영과 담론에서 균일적 획일화를 추구하는 경향을 가리킨다. 하지만 중간 도착증과 달리 변종학자는 차이, 저항, 실험의 지점을 파헤쳐서 사물을 다르게 상상하도록 돕는다. 예컨대 사람들은 비디오테이프리코더라는 일상적 가전제품을 시공간을 기록하는 장치로만 생각한다. 하지만 비디오테이프리코더는 누군가의 거실에서 시공간 조작을 가능케 한다는 점에서 일종의 타임머신이기도 하다.

칠린스키는 비디오테이프리코더처럼 보기와 청취의 테크놀로지와 매개 방식을 결정하는 비표준적·대안적·예외적·이질적 실천을 '변종(variations)'이라 지칭하고 꾸준히 탐구했다. 그러므로 변종학은 마술, 과학, 기술 등에 대한 역사적 담론과 실천을 추구하는 데 있어 다소 무질서하다. 그렇지만 변종적 미디어 실천을 탐구하는 미디어 고고학의 영향 덕분에 시청각 기술과 문화는 건축, 운송, 과학·기술, 일과 시간의 조직화, 서민과 부르주아의 전통적 문화, 아방가르드 예술 등의 전문적 담론 및 사회적 실천과 소통할 수 있게 되었다. 이 점에서 칠린스키는 미디어 고고학을 통해 기술과 인문학을 새롭게 바라보는 길을 제공한다.

탈식민주의와 대안적 미래로의 연결

칠린스키는 또한 미디어 고고학을 통해 유럽중심주의를 해체하고자 했다. 칠린스키는 미디어 고고학이 서구와 대도시를 보편으로 상정하는 미디어 산업의 지리적 관습에서 벗어나 '남쪽과 동쪽'으로, 즉 탈식민주의적 연구로 시선을 돌려야 한다고 지적한다.

그는 두 가지 차원에서 지리적 관심을 이동해야 한다고 주장한다. 첫째는 북쪽에서 남쪽으로, 서쪽에서 동쪽으로 이동해 예술, 과학, 미디어에 대한 역사를 발굴하는 것이고, 둘째는 동아시아, 지중해, 아시아 소수 민족, 그리스, 중동, 남아메리카에서 대안적 기술의 역사와 실례를 찾아내는 것이다. "근대 미디어 세계를 구성하는 철학적·실천적 토대는 고대 중국 문화를 비롯한 동아시아 지역과 남유럽과 남서유럽의 소도시를 포함한 아나톨리아, 그리스, 아랍 등의 지중해 인근 지역에서 유래한다." 이 강령적 요청은 지금까지 총 다섯 권이 출간된 '변종학 총서'에서 실현되었다. 이 총서는 고대 아랍과 중국의 자동화 기술 등을 통해 탈유럽중심주의적인 미디어 역사 인식을 실천한다.

칠린스키는 미디어 고고학으로 실재하는 기술만을 연구하는 데 그치지 않는다. 칠린스키가 다양한 기술과 기술자들에 대한 탐구를 저버리지는 않을 테지만, 그에게는 더 좋은 세상을 창조하려는 기술적 실험과 변화의 잠재성 또한 중요한 관심 대상이다. 칠린스키는 도표, 스케치, 모형으로만 남은 채 실제로는 만들어 낼 수 없는 상상적 미디어를 연구하기도 했다. 상상적 미디어는 개인적 상상으로 끝나지 않는다. 그것은 실제 기술과 마찬가지로 동시대의 역사적 상황과 사회적·문화적 욕망을 반영하며 사유의 역사에서 하나의 체계적 흐름을 구축한다. 칠린스키는 간결한 어투로 말한다. "상상과 수학은 양립할 수 없는 이견이 결코 아니었으며 미래에도 그렇지 않을 것이다." 이렇듯 심원한 시간은 중간 도착층을 견제하며 대안적 미래로 접속한다.

지크프리트 칠린스키
(Siegfried Zielinski, 1951~)

- 관련 인물

+	◇	◇	+
프리드리히 크닐리	볼프강 에른스트	토마스 엘새서	에릭 클루이텐베르크

- 분야: 시청각 미디어 이론, 예술사, 과학사
- 사상: 미디어 고고학
- 주요 활동·사건: 홀로코스트 다큐멘터리 제작(1979), 빌렘 플루서 아카이브 디렉터 (1998~2016), 변종학 총서 편집 위원, 변종학 연구 웹사이트(variantology.com) 운영

미디어 고고학 분야의 변종학을 개척한 인물로, 2016년 유러피언대학원대학교의 미셸 푸코 교수직에 부임해 미디어 고고학 및 테크노컬처 과정을 이끌고 있다. 마르부르크대학교, 베를린자유대학교, 베를린공과대학교에서 연극, 독문학, 언어학, 기호학, 사회학, 철학, 정치학 이론 등을 수학했다. 1985년 비디오 기록 장치에 관한 논문으로 박사 학위를 받았으며, 1989년에는 HD 텔레비전에 관한 논문으로 교수 자격을 취득했다.

    1989년 오스트리아 잘츠부르크대학교에서 자신의 전문 분야인 시청각 기술의 역사를 가르치며 교수자로서의 삶을 시작했다. 1993년 쾰른미디어예술대학 미디어커뮤니케이션학과 교수로 부임해 이듬해 총장직까지 맡았다. 2006년 베를린예술대학교로 자리를 옮겨 미디어 이론을 가르쳤으며, 2016~2018년 카를스루에예술디자인대학교 총장을 역임했다.

에르키 후타모, 볼프강 에른스트와 더불어 미디어 고고학 분야를 개척했다. 특히 미디어의 심원한 시간과 변종학이라는 독특한 개념과 방법론을 제시하며 미디어의 역사를 탈역사적 관점과 탈유럽중심주의로 확장하는 데 중요한 업적을 남겼다. 미디어 고고학을 기존보다 정치적이고 행동주의적으로 실천하는 한편, 연구의 초점을 예술에 두고 인문학의 과제를 변화시키고자 했다.

『오디오비전』(1989), 『미디어 고고학』(2002, 영어판 제목 『미디어의 심원한 시간』), 『미디어 이후』(2011) 등의 저작을 남겼으며, '변종학' 총서에 공동 편집 위원으로 참여해 2005~2011년에 걸쳐 다섯 권의 총서를 출간했다. 그의 저작과 이론은 20세기의 핵심적인 실험적 실천과 역사에서 탄생했다고 볼 수 있지만 실제로는 지리적·지적으로 훨씬 더 폭넓은 협업을 추구한다. 『미디어 이후』에서는 당대의 미디어 이론이 베를린에서 활동하는 이론가들의 사유일 뿐이라고 지적했다. 또한 미디어 고고학자들 저마다 문화적·지성적 배경과 전문성을 기반으로 특정 주제에 대한 비교적 관점에서 미디어의 계보학을 써야 하며, 미디어 고고학의 이론적 작업도 그 자체의 지리적 특성과 심원한 시간성을 가져야 한다고 주장한다.

애나 칭
Anna Tsing

*

비인간 생물은 역사의
주인공이 될 수 있는가?

*

노고운

송이버섯은 어떻게 공생의 가능성으로 거듭나는가?

문화 인류학자 애나 칭은 환경 문제, 세계화, 페미니즘 이론, 인간-비인간 관계에 대한 연구를 통해 현대 사회에서 지향하는 자본주의적 발전 위주의 경향에서 벗어나는 인식 체계의 대전환을 요구한다. 근대 산업화로 인한 환경 및 경제 위기로 지구상의 사회 대부분은 폐허로 변해 가고 있다. 칭은 이 황폐화된 땅에서 어떻게 살아갈 것인지를 되묻는다.

지구 온난화로 인한 기후 위기, 대멸종, 자연 황폐화, 미세 먼지, 핵폐기물, 한반도 14배 크기의 태평양 플라스틱 쓰레기 섬. 이외에도 현대 인류는 셀 수 없이 많은 환경 문제에 직면해 있고, 인간을 포함한 다양한 생물종이 살아가기에 적합한 지구의 자연 환경이 파괴되어 돌이킬 수 없을지 모르는 시점에 있다. 당면한 위기를 극복하고자 경제학자는 경제 개발을 더욱 추진할 것을, 생태학자는 개발을 완전히 멈추고 자연을 보존할 것을 강조한다. 하지만 칭은 이러한 이분법적 입장과 전혀 다른 시각을 제시하는데, 그것은 인간에 의해 훼손된 땅에 등장하는 버섯처럼 생태 위기에서 나타나는 삶의 가능성을 살피는 것이다.

칭은 1945년 히로시마 원자 폭탄 투하와 1986년 체르노빌 원전 사고 이후 독을 뿜어내는 이들 지역에 처음으로 등장한 생물이 송이버섯이었다는 일화를 소개한다. 과학적 양식 기술로 생산할 수 없는 송이버섯이 이 파괴된 땅에서 저절로 자라났다는 사실은 우리에게 무엇을 말하는가? 칭의 주장에 따르면 이 사실은 폐허가 된 땅에서 인간과 다른 생물들의 공생이 가능하다는 점을 보여 준다. 환경을 파괴해도 괜찮다고 변명하거나 환경 파괴가 오히려 좋은 결과를 가져왔다고 낙관하는 것은 결코 아니다. 칭의 주장은 환경과 생태를 도구로 삼아 인간의 목적을 달성하려는 인간중심주의적 태도를 버리고 송이버섯을 포함한 다양한 생물종도 지구 환경사의 주인공으로 인정하자는 제안이다.

  칭은 『세상 끝의 버섯』(2015)에서 조금 다른 방식의 역사 쓰기, 즉 다종(多種)의 역사 쓰기를 강조한다. 숲의 역사의 주인공들로는 송이버섯 곰팡이와 소나무, 그 밖에 그들과 다양한 관계로 얽혀 있는 여러 생물종이 있다. 송이버섯 곰팡이와 소나무는 생존에 필요한 양분을 서로에게 제공하며 협력한다. 또한 서로의 주거에 적합한 조건을 만들어 준다. 송이버섯 곰팡이는 활엽수에 밀려 척박한 땅에 정착한 소나무가 뿌리를 뻗을 수 있게끔 모래와 바위를 분해하고, 소나무는 송이버섯 곰팡이가 살아갈 수 있도록 잔뿌리를 내주는 방향으로 진화했다.

  소나무와 송이버섯은 다른 벌레, 식물, 동물 들과 저마다 다양한 삶의 관계망을 형성하며 살아간다. 그중 인간은 다양한 방식으로 두 생물의 협력에 동참할 수 있다. 이를테면 솔방울과 송진을 사용하거나 송이버섯을 섭취할 수 있고, 소나무 뿌리를 썩게 하거나 햇빛을 가리는 활엽수가 양산되지 않도록 부식토를 걷어 낼 수도 있다. 칭은 인간을 비롯한 지구의 다양한 생물들이 다종의 집합으로서 협력하며 생존하는 과정에 주목해야 한다고 본다.

세계는 정말로 자본주의에 포섭되었는가?

근대 이래 인류는 발전을 통한 부의 축적을 최고의 목표로 삼아 왔다. 사람들은 이와 같은 목표를 달성하고자 플랜테이션 농장의 생산 방식에서 볼 수 있듯 인간과 자연의 모든 부분을 본래의 생태 환경 및 관계에서 떼어 내어 착취하고 상품화해 왔다. 그 결과 글로벌 자본주의 시대의 인간 및 비인간 생물들은 다종의 집합과 협력에서 소외된다. 생물들은 타고난 다양성을 무시당한 채 단일한 기준으로 통일, 복제, 무한 생산할 수 있는 존재로 변형되고 바코드에 기록되어 전산 처리된 후 서식지에서 멀리 떨어진 곳으로 옮겨져 소비된다. 인간 역시 대체 가능한 비숙련·비정규직 노동자로 전락해 불안정한 삶을 산다.

그럼에도 세계는 글로벌 자본주의의 질서와 힘에 완전히 정복되지 않았다. 칭은 『다이아몬드 여왕의 영역에서』(1993)에서 인도네시아 우림 지대의 메라투스 다약 사회처럼 고립된 듯 보이는 서구 바깥의 소규모 문화들도 국가적·초국가적 힘과 서로 영향을 주고받으며 형성됨을 증명해 보였다. 또한 『마찰』(2005)에서는 글로벌 자본주의가 특정 지역에서 갈등을 일으키며 예상치 못한 결과를 창출하는 양상을 드러내는 한편 이 새로운 현상에 얼마나 다양한 방식으로 반응하는지를 분석했다.

칭은 이런 작업을 통해 글로벌 자본주의가 세계적인 것들(the global)로 지역적인 것들(the local)을 없애고 전 세계를 획일화한다는 주장도, 지역적인 것들이 세계적인 것들에 저항하며 특수한 문화를 형성한다는 주장도 모두 비판한다.

세계적인 것과 지역적인 것은 분명히 나뉘는 이분법적 상태로 존재하지 않는다. 생물의 발이 땅과 지속적으로 마찰하며 숲속의 등산로가 만들어지듯 글로벌 자본주의는 지역적인 것들을 산업을 위한 자원과 노동으로 포섭하는 과정에서 그 지역의 생물 및 문화와 특수한 방식으로 끊임없이 마찰한다. 등산로를 만듦으로써 글로벌 자본주의는 해당 지역에서 더욱 효율적으로 작동할 수 있다. 하지만 등산로를 벗어난 곳은 자본주의에 포섭되지 않은 채 남겨진다. 지역 문화는 세계적인 것과 지역적인 것의 마찰을 통해 거듭 생산되고 변화한다. 이렇듯 세계적인 것은 세계 곳곳에 존재하지만 어느 지역에서나 똑같은 방식으로 존재하지는 않는다.

칭은 세계적인 것과 지역적인 것의 마찰과 공존, 자본주의화된 현대 사회에 여전히 존재하는 비자본주의적 요소를 송이버섯의 상품화 과정을 통해 설명한다. 자본주의 생산이란 생태적 과정 속에 살아 존재하는 각 지역의 생물들을 부의 축적을 위해 끌어들이는 활동이다. 북미의 야생 송이버섯은 국유림에서 소나무와 협력하며 살아간다. 하지만 인간에게 채집된 뒤 상품으로 분류되고,

그 결과 일본으로 수송되어 판매된다. 칭이 '구제 축적(salvage accumulation)'이라고 부르는 이 과정은 비자본주의적 삶을 사는 생물이 자본주의적 부의 축적을 위해 어떻게 이용되는지를 잘 보여 준다. 현대 사회의 모든 생산과 소비는 글로벌 자본주의로 획일화된 상태에서 이루어지지 않는다. 지역의 비자본주의적인 것들은 여기저기에 흩어져 있다가 자본주의에 산발적으로 흡수되며 상품으로 전환된다.

글로벌 자본주의는 구제 축적을 통해 환경 파괴, 착취, 소외를 일으킨다. 하지만 송이버섯의 생산, 무역, 판매, 소비에 참여하는 인간 및 비인간 생물들의 관계와 활동은 대부분 비자본주의적이다. 예를 들어 북미의 숲에서 야생 송이버섯을 따는 프리랜서 채집인들은 버섯 채집을 노동으로 여기지 않는다. 이들은 기업에 고용되어 시간당 임금을 받고 노동하는 대신 자유롭게 숲을 누비며 송이버섯을 발견했을 때에만 돈을 버는 불안정한 삶을 선택한다. 일반적인 시장 경제를 따르는 상인들이 상품 가격을 낮춰 경쟁력을 얻으려 하는 것과 달리, 프리랜서 채집인과 일본 무역업자를 연결하는 중간 상인들은 송이버섯의 가격을 올리기 위한 전략에 매진한다. 반면 일본으로 수입된 송이버섯을 판매하는 도·소매상인들은 무작정 이윤을 높이기보다 각각의 송이버섯이 가진 특징과 가장 잘 어울리는 손님을 연결해 주고자 한다. 일본에서 송이버섯은 호혜적 관계에서 교환되는 선물이다. 소비자들 대부분은 다른 사람에게 증여하는 상, 뇌물, 선물로 송이버섯을 구매하며, 자신이 먹기 위해 송이버섯을 사는 경우는 거의 없다. 이렇듯 송이버섯은 판매자의 이윤이나 구매자의 소비보다 개인들의 관계 형성과 유지를 위해 시장에서 교환된다. 즉 송이버섯은 글로벌 자본주의의 상품임과 동시에 자본주의적 교환 체계 외부에 존재한다.

    칭이 자본주의와 비자본주의의 상호 작용, 세계적인 것들과 지역적인 것들의 마찰 및 공존을 살피는 이유는 무엇인가? 그가 글로벌 자본주의로 인한 환경 문제와 경제적 불안정을 비판하거나 작금의 사태를 초래한 사람들을 향해 분노하는 일에 반대하는 것은 아니다. 하지만 그보다는 글로벌 자본주의 외부에서 일어나는 현상들에 주목하면 인간과 비인간 생물들이 현재 맞닥뜨린 위기를 헤쳐 나가는 데 더 도움이 될 것이라고 생각한다.

    칭은 방향, 과정, 참여자가 고정되지 않은 열린 모임으로서 생물들의 집합에 주목해 생물들이 협력하며 세상을 만들고 생존하는 방식을 배우기를 권유한다. 그의 주장에 따르면 생물을 단일한 성질에 따라 별개의 종으로 분리하고 범주화하는 일보다 다양한 생물종이 협력하며 만들어 내는 많은 집합을 알아차리는 일이 더 중요하다. 이로써 다종의 생물들이 주인공이 되는 삶의 역사를 공부할 수 있기 때문이다.

    물론 여러 생물종의 집합이 항상 조화를 이루거나 안정된 삶을 보장하지는 않는다. 칭이 지적하듯 다양한 생물끼리의 협력은 인간의 의도대로 이루어지지 않으며 인간을 위해 존재하지도 않는다. 협력하는 모든 생물에게 이로운 결과가 오는 것도 아니다. 따라서 이런 협력 자체가 자본주의가 망쳐 놓은 환경 파괴 및 사회 불안정 문제를 해결하는 대안이 될 수는 없다. 그럼에도 황폐해진 땅에 버섯의 갓이 올라오는 것처럼 다종 생물의 집합은 삶의 가능성을 시사한다. 오늘날 기후 위기와 대멸종이 벌어지는 가운데 여전히 경제적 발전을 통한 부의 축적만을 인류의 유일한 목표로 삼을 것인가? 아니면 이 인간중심주의적 세계관에서 벗어나 수많은 생물들의 협력에 동참해 새로운 삶과 세상을 만드는 데 기여하는 것은 어떠한가?

애나 칭
(Anna Tsing, 1952~)

+ 영향　× 비판　◇ 동료

- 관련 인물

+	◇
메릴린 스트래선	도나 해러웨이

- 분야: 문화 인류학, 인류세 연구, 페미니즘 이론, 세계화
- 사상: 다종적 민족지, 인간-비인간 집합체, 포스트휴머니즘
- 주요 활동·사건: 마츠타케 월드 리서치 그룹 설립(2007), 오르후스대학교 인류세연구센터 초학제적 프로그램 운영(2013~)

1952년 미국에서 출생한 문화 인류학자다. 예일대학교에서 학사 학위를 받고 스탠퍼드대학교에서 석사 학위를 받았다. 1984년 같은 학교 대학원에서 「메라투스산맥의 정치와 문화」라는 논문으로 인류학 박사 학위를 취득했다. 현재 캘리포니아대학교 샌타크루즈 인류학과 교수이자 덴마크 오르후스대학교 닐스 보어 교수로 재직하고 있다. 2007년부터 송이버섯 세계를 연구하는 모임 '마츠타케 월드 리서치 그룹'을 조직해 송이버섯의 다종적 결합 및 송이버섯을 둘러싼 상품 사슬을 세계 각국의 학자들과 공동으로 연구하고 있다. 2013년부터는 오르후스대학교 인류세연구센터에서 인문·사회 과학, 자연 과학, 예술을 포괄하는 초학제적 프로그램을 운영하고 있다.

　　초기 저작 『다이아몬드 여왕의 영역에서』(1993)는 박사 학위 논문에 기반해 쓴 민족지다. 인도네시아의 메라투스 다약 사회가

어떻게 자신들의 경제적 주변성(marginality)을 활용해 국가 및 세계와 상호 작용하며 '주변적이지 않은' 삶을 살아가는지 분석한다. 이를 통해 세계화, 민족지, 페미니즘 연구에 새로운 시각을 제시했다. 세계적 명성을 안겨 준 두 번째 책 『마찰』(2005)에서는 세계화 연구를 환경, 생태, 풍경과 연결한다. 자본주의적 발전의 패러다임이 인도네시아의 열대 우림을 벌목하고 황폐화하는 과정에서 이 지역이 서로 다른 배경과 목적을 가진 주체들, 즉 메라투스 다약인, 사업가, 환경 운동가, 개인, 정부, 기업들에 의해 글로벌 자본주의와 연결되며 나타나는 특정한 양상을 분석한다.

『세상 끝의 버섯』(2015)은 인간-비인간 관계를 포함한 다종적 집합에 대해 본격적으로 연구하며, 폐허가 된 환경에서 살아가려면 글로벌 자본주의의 질서에 완전히 정복되지 않은 다종적 협력에 주목해 이로부터 무언가를 배워야 한다고 주장한다. 이외에도 다수의 논문을 쓰고 엮었다. 최근에는 논문 「인간에게 괴롭힘 당하는 지구」(2016)와 엮은이로 참여한 『손상된 행성에서 살아가는 방법』(2017) 등에서 인류세 담론을 비판적으로 분석하고, 훼손된 지구 환경에서 형성되는 다종의 관계와 이를 통한 삶의 방식에 대해 논의한다.

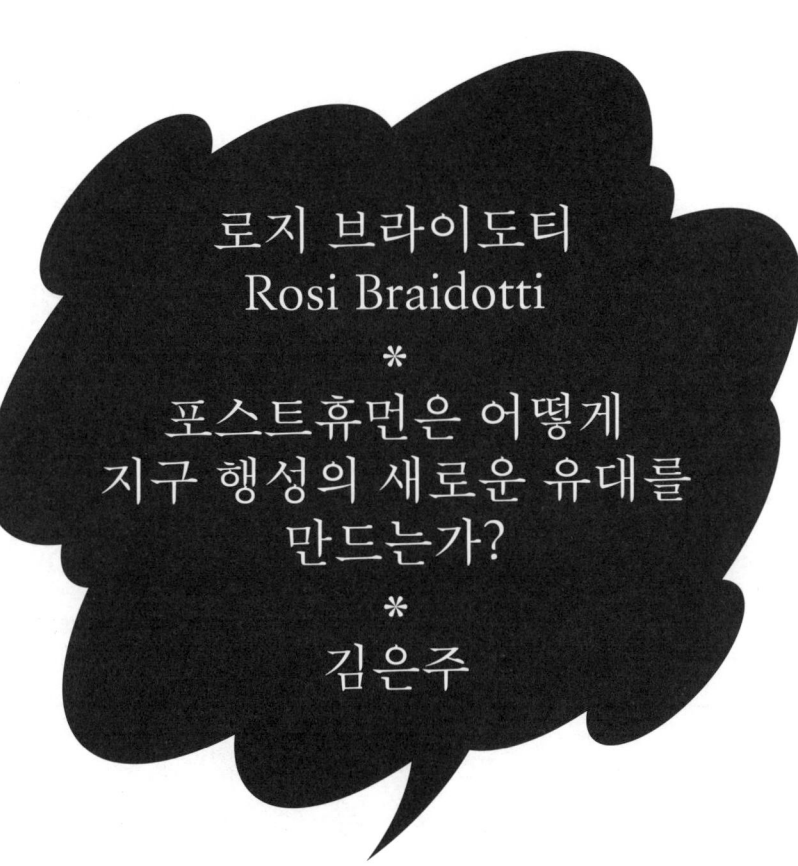

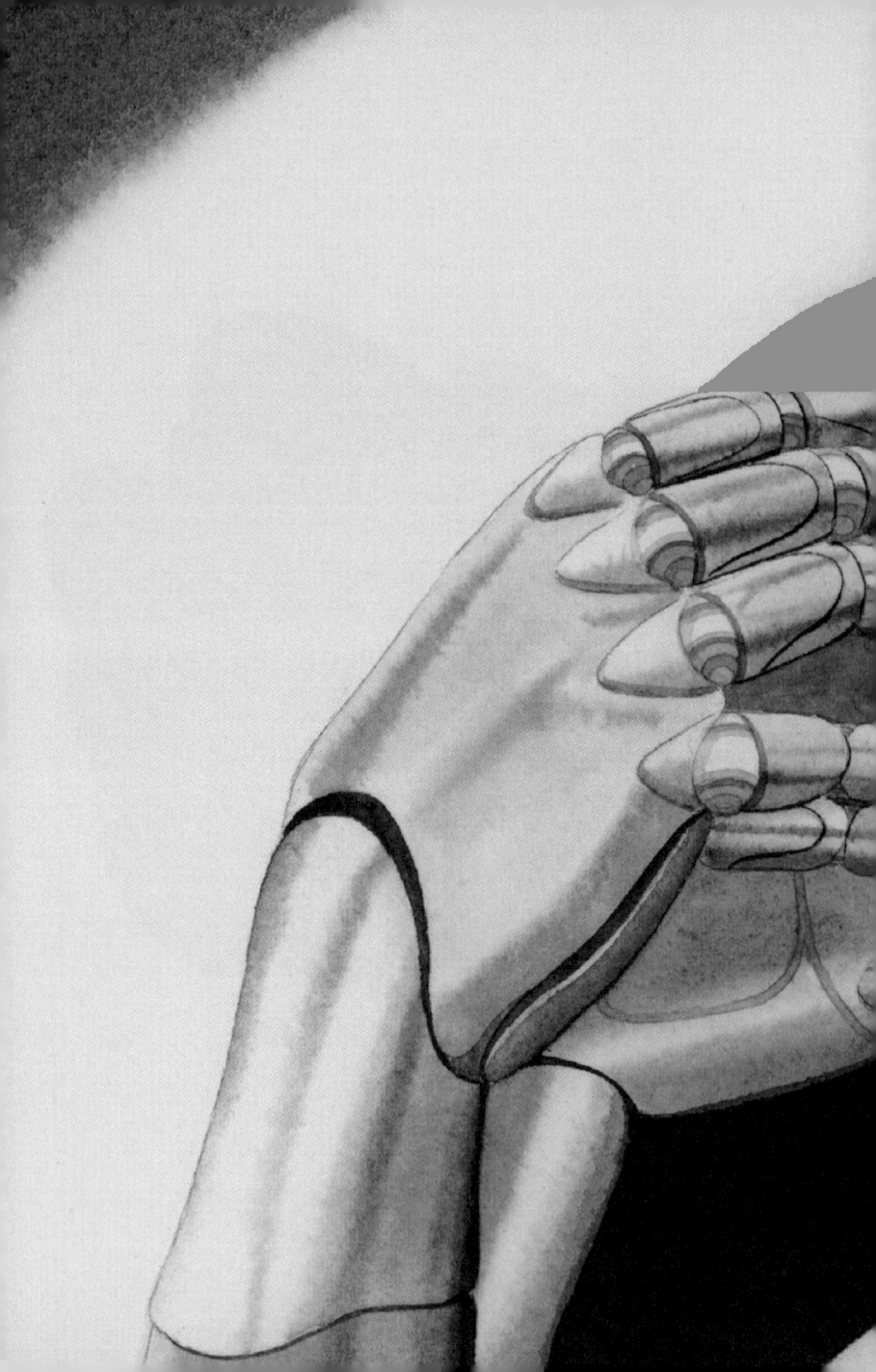

영화 〈아이언맨〉의 주인공 토니 스타크는 과학 기술의 힘을 빌려 신체 일부를 기계화해 초인적 힘을 발휘한다. 사람들이 흔히 떠올리는 '포스트휴먼'은 이렇듯 과학 기술의 세례를 받은 슈퍼히어로의 모습을 하고 있다. 포스트휴먼으로서 슈퍼히어로는 신체 개조와 지능 증강으로 인간의 유한성을 뛰어넘는 지적·물리적 능력을 발휘할 뿐 아니라 보통 인간의 신체로는 불가능한 영속적 자기 보존을 실현한다.

오늘날 크게 유행하는 슈퍼히어로 장르는 포스트휴먼을 질병, 노화, 죽음마저 뛰어넘는 존재이자 '인간 이상의 인간'으로 새롭게 창조된 존재로 여기게 한다. 한계 없는 인간에 대한 갈망의 역사는 1818년 영국에서 출간된 메리 셸리의 소설 『프랑켄슈타인』으로 거슬러 올라간다. 소설에서 프랑켄슈타인 박사는 죽음을 극복한 존재를 끝내 탄생시켰다. 하지만 정말로 포스트휴먼은 인간의 한계를 초월한, 보다 진보한 인간을 의미하는가?

인간 실존에 근본적 질문을 던지는 포스트휴먼

페미니스트 철학자 로지 브라이도티는 대표작 『포스트휴먼』에서 인간의 능력을 강화해 인간중심주의의 패권을 강화하는 시도가 포스트휴먼적이라기보다 실은 휴머니즘의 이상에 가깝다고 비판한다.

근대적 패러다임의 근간을 이루는 휴머니즘은 건강한 신체에 건강한 정신의 소유자를 인간의 기준으로 제시한다. 하지만 근대적 인간이라는 개념은 데카르트의 코기토, 자유 의지의 실천 행위자,

기독교 문화권의 백인 남성 이성애자, 사유 재산을 소유하는 시민을 지시할 뿐이다. 휴머니즘은 자기 규율의 주체이자 심신이 일치하는 개인을 모든 가치 판단의 척도로 삼는다는 점에서 철저히 인간 중심적 체계다. 휴머니즘은 또한 동일성과 타자성의 이분법, 역사의 진보와 발전을 희구하는 계몽주의를 함의한다.

철학자 미셸 푸코는 휴머니즘이 전제하는 '인간'이 유럽이라는 특정한 지정학적 위치와 근대라는 특정한 역사적 시기에 본격적으로 전개되었다는 점에서 결코 보편적이지 않은 개념이라고 비판한 바 있다. 브라이도티는 푸코의 지적에 동의하며 휴머니즘이 일종의 역사적 구성물로서 다양한 우발적 가치와 지역성을 지닌다고 이해한다. 또한 새 천 년이 시작된 이래 포스트휴먼으로의 전환이 본격적으로 진행되고 있다는 사실에 주목하며, 이런 현상을 근대적 패러다임이 전제하는 인간 정체성과 실존에 관한 근본적 문제 제기로 이해한다.

포스트휴먼을 바라보는 입장은 크게 둘로 나뉜다. 기술의 개입 때문에 인간적 가치와 위상이 상실될 것이라는 부정적 시각이 있는 반면, 포스트휴먼을 의학과 과학의 진보로 이해하는 낙관적 시각이 존재한다. 그러나 두 관점 모두 포스트휴먼을 근대적 인간과 구별되는 새로운 존재 조건으로 규명하지는 않는다. 특히 이른바 '트랜스휴머니즘'이라 불리는 후자의 입장은 인간이 기술과 함께 진화하며 인간을 더 강한 존재로 발전시킨다고 이해한다.

휴머니즘은 인간의 자기 개선을 정언 명령으로 받아들이고 신체를 정신의 불완전한 감옥으로 여긴다. 따라서 트랜스휴머니즘은 기술 또는 기계와의 결합을 휴머니즘의 진보로 간주하며 이로써 인간 신체를 강화하려 한다는 점에서 휴머니즘의 계몽적 유산을 계승한다. 또한 휴머니즘의 전제를 굳건히 할 뿐만 아니라 확장된 기술의 도움을 받아 '슈퍼휴먼'의 단계에 이를 때까지 휴머니즘의 특성을 확대하기도 한다.

포스트휴먼 전회가 일어나는 장소, 신체

생명 공학의 인간 게놈 프로젝트(human genome project, HGP)는 휴머니즘의 전제를 탈피하는 전환점이 되었다. HGP가 제시한 유전자 지도는 인간과 인간 이외의 종 사이의 연결 관계를 드러낸다. 생명 공학은 개인의 유전 및 신경 정보를 세포 단위로 분석함으로써 인간의 유전자를 공학적으로 재구축하고 기술적으로 발명한다. 인간 신체를 인공적 기관으로 대체하거나 그것과 합체하면서 신체와 기술이 상호 연계되고 합성되는 인터페이스를 본격적으로 구축하는 것이다.

일례로 '바이오 하이브리드'라고 알려진 새로운 생명 공학 기술은 안경을 전자 망막으로 대체해 시력을 교정하려 한다. 나아가 심장 박동기를 생체 공학적 심장으로, 손상된 췌장을 인공 췌장으로 바꾸려는 구상을 실현 중이다. 기술과 매개된 신체는 이미 자본주의 시장 경제에서 엄연한 상품으로 자리 잡으며 보편화되고 있다. 상품이 된 신체는 보디빌딩, 컬러 콘택트렌즈, 지방 흡입술 등 비교적 단순한 단계의 신체 향상부터 성형 수술, 인공 관절, 인공 치아 등 인공 기관의 직접적 체내 삽입에 이르기까지 광범위한 형태로 사회에 수용된다. 이렇듯 기술과 신체가 연동되고 상품화될수록 '자연적인 몸'의 범위와 표지는 더욱 모호해진다.

    브라이도티는 오늘날 인간 신체에서 일어나는 포스트휴먼적 상황을 이해하려면 신체와 정신을 분리하는 데카르트적 이분법에서 벗어나 신체를 설명해야 한다고 주장한다. 사실상 신체와 기술의 매개는 근대적 의미의 신체 능력 향상으로 보기 어렵다. 극단적으로 보자면, 기술과 매개된 신체는 인공적 확장과 대체의 과정이 거듭되는 구성체일 뿐이고 의식은 현상에 불과하다. 오늘날 신체가 처한 상황은 신체에 대한 기존의 정의 자체를 의문시하며 휴머니즘의 가정을 파기한다. 신체는 이로써 포스트휴먼으로의 전회가 일어나는 현장으로 작동한다.

    브라이도티는 바뤼흐 스피노자의 내재론과 들뢰즈의 존재론을 통과한 신유물론의 입장에서 포스트휴먼을 설명한다. 브라이도티에 따르면, 포스트휴먼으로의 전회가 벌어지는 장소인 신체는 다른 인공물과 결합하거나 해체되며 그 과정에서 이질성과 계속 상호 작용하며 변화한다. 신체의 이와 같은 특성을 이해하려면 문화가 물질적으로 구성된다는 사실만큼 자연도 문화적으로 구성되었다는 사실을 이해하는 게 중요하다. 자연과 문화는 상호 작용하며 신체는 자연-문화 연속체의 연장선 위에 있기 때문이다.

새로운 윤리적 유대를 마련하는 '긍정의 포스트휴먼'

포스트휴먼의 시대는 이미 본격화되었다. 그러나 이 시대는 인간에게 곤경의 풍경으로 등장한다. 과학 기술의 비약적 발전과 지구화된 시장 경제는 불평등의 심화와 빈곤, 생태계 파괴 등을 야기한다. 특히 복잡한 국제 관계와 맞물린 각종 분쟁, 난민 양산, 기후 변화 등의 전 지구적 문제에 정치가 효과적으로 대처하지 못하는 모습은 휴머니즘으로 막아 낼 수 없는 임박한 파국의 징후처럼 여겨진다.

    브라이도티는 이 파국적 국면을 타개하는 실마리를 포스트휴먼에서 찾는다. 포스트휴먼이 고전적 도덕과는 다른 새로운 윤리적 유대를 마련할 수 있다고 생각한 것이다. 브라이도티가 제시하는 '긍정의 포스트휴먼'은 페미니즘의 통찰을 적극 수용한다. 휴머니즘이 실은 '로고스-남근-서구-인간중심주의'에 불과함을 폭로하고 젠더, 인종, 장애 유무 등에 따라 근대 인간의 범주에 속하지 못했던 '타자'의 존재에 주목한다. 이와 같은 반성적 시각은 지금껏 하등하다고 여겨진 생명체나 기계를 향한 성찰로 이어진다. 결국 새로운 존재 조건을 마련하는 일은 인간중심주의를 해체하고 극복하는 데서 그치지 않는다. 인간 정치체의 역사적 존재론을 추적하고 지구 행성의 다른 거주자들과 맺는 관계를 기존과 질적으로 다른 방식으로 전환해 공존, 공생, 공진화할 수 있는 윤리적 거주 방식을 마련해야 하기 때문이다.

새로운 삶의 자리를 만들어 내는 일은 인간을 넘어선 비인간과 생명의 영역 모두가 인류세의 타자에 포함된다는 사실을 이해하는 것에서 시작한다. 그러려면 인류세의 생명 정치가 여성, 동물, 식물, 유전자, 세포에 이르는 생식력을 착취하는 통치에 기반한다는 점을 직면하고 비판해야 한다. 이를 위해 포스트휴먼은 인간의 생명을 넘어선 생성력으로서의 생명을 강조하고 정신과 신체, 자연과 문화, 주체와 객체를 나누는 이분법을 넘어선 시각, 즉 신유물론과 결합한 탈인간중심주의로부터 구축되어야 한다.

새로운 주체는 근대가 배제한 인간 타자뿐 아니라 환경적 타자들과 기술적 장치들을 포함하며, 인간 아닌 관계들의 연결망에 있는 다양한 타자들과 상호 접속한다. 다시 말해 개인을 행위자 주체로 설정하는 휴머니즘과 달리, 포스트휴먼 주체는 지정학적·생태학적으로 새로운 집단적 행위자다. 이들은 공동의 생활 공간에 공동체, 묶음, 집단, 무리로 거주하며 다수의 타자들과의 관계를 통해 긍정의 연대를 촉진한다.

브라이도티는 인류가 포스트휴먼으로의 전회를 통해 자신들이 어떤 존재가 될 수 있는지를 함께 결정할 수 있다고 주장한다. 따라서 인류는 자신을 긍정적으로 재발명할 수 있는 실험으로서 포스트휴먼을 용기 있게 선취해야 한다. 하지만 인간에 대한 불신만으로는 포스트휴먼의 조건을 결코 세울 수 없다. 브라이도티는 근대적 인간 개념을 비판하고 해체하는 반휴머니즘적 통찰을 존중하지만 휴머니즘에 대한 비판과 허무주의적 인간 혐오를 구별해야 한다고 강조한다. 포스트휴먼은 존재론적 불확실성을 인정하면서도 의심과 불신이라는 부정적 감정에 매몰되지 않고 지구 공동체를 친화력과 윤리적 책임으로 결속하려는 시도다.

로지 브라이도티
(Rosi Braidotti, 1954~)

+ 영향　× 비판　◇ 동료

- 관련 인물

+	+	◇	◇
질 들뢰즈	뤼스 이리가레	도나 해러웨이	엘리자베스 그로츠

- 분야: 대륙 철학, 신유물론, 페미니즘 이론, 포스트휴먼 이론
- 사상: 동시대 페미니즘, 포스트휴먼 이론, 긍정의 윤리학
- 주요 활동·사건: 유럽 학제 간 여성학 연구 네트워크(NOI&SE) 설립(1989), 유럽인류연구소협회(ECHIC) 설립(2011)

페미니즘, 포스트구조주의, 비판 이론, 정치 이론, 문화 연구, 과학 기술 연구 등을 넘나드는 철학자로, 현재 네덜란드 위트레흐트대학교 명예 교수로 있다. 스피노자와 들뢰즈의 철학, 포스트모던 페미니즘 등을 결합해 유목적 주체, 긍정의 윤리학, 포스트휴먼 이론을 제시한다. 이탈리아에서 태어났지만 호주에서 비주류 백인 이주민으로 자랐다. 호주국립대학교에서 스피노자 연구자이자 페미니스트 철학자인 제너비브 로이드의 지도하에 철학을 공부했다. 그 후 프랑스 소르본으로 유학해 1981년 철학 박사 학위를 받았다. 위트레흐트대학교 여성학 창립 교수, 네덜란드 여성학연구학교 설립 이사, 유럽대학연구소 진 모넷 교수, 영국 버크백대학교 방문 교수, 위트레흐트대학교 인문센터 설립 책임자를 역임했다.

　페미니스트 철학자로 성장하며 다언어주의자이자 복수적

정체성들의 집합으로서 자기 자신을 이해하게 되었다. 하나의 정체성에 뿌리를 둘 수 없고 유동적으로 흐르는 여러 정체성을 가진 존재로 정체화한 것이다. 누구든지 태어난 바로 그 순간부터 자신의 기원을 상실하며 누군가의 정체성을 알려 주는 유일한 지표는 그 사람의 욕망에 흔적처럼 남아 있다고 지적한다. 즉 정체성은 삶의 여정에서 생겨난 경험과 체험이 만든 자취의 지도다. 이는 후험적으로 구성되며 단일하고 통일적인 정체성은 찾아보기 힘들다. 이런 문제의식을 기반으로 뤼스 이리가레와 들뢰즈의 통찰을 활용해 새로운 윤리적 주체로 '집단적 행위자'에 주목했다. 대표작 『포스트휴먼』(2013)은 『유목적 주체』(1994), 『변신』(2002), 『트랜스포지션』(2006)에서 탐구한 새로운 주체화 이론의 선상에서 휴머니즘에 관한 다양한 담론과 현상의 지형도를 그려 내고 포스트휴먼의 조건을 고찰한다.

- 『유목적 주체: 우리 시대 페미니즘 이론에서 체현과 성차의 문제』, 박미선 옮김, 여성문화이론연구소, 2004.
- 『트랜스포지션: 유목적 윤리학』, 김은주 등 옮김, 문화과학사, 2011.
- 『포스트휴먼』, 이경란 옮김, 아카넷, 2015.
- 『변신』, 김은주 옮김, 꿈꾼문고, 근간.

캐런 버라드
Karen Barad

*

페미니스트 과학자는
낙태를 어떻게 보는가?

*

임소연

2019년 4월 11일, 마침내 대한민국의 낙태죄가 폐지되었다. 헌법재판소는 낙태를 행한 여성과 낙태 시술을 한 의사를 처벌하는 현행 낙태죄 조항에 대해 헌법불합치 결정을 내렸다. 수많은 여성, 단체, 지지자들의 노력으로 66년 만에 이끌어 낸 결정이었다. 태아의 생명권을 우선시했던 2012년과 달리, 2019년 헌재는 여성의 자기 결정권을 중요하게 고려했다.

태아에게 행위성이 있는가?

태아가 우선인가, 임신한 여성이 우선인가? 국내외를 막론하고 낙태를 둘러싼 정치적 논쟁은 여성의 자기 결정권과 태아의 생명권이 대립하는 구도하에 벌어진다. 이는 법적·정치적 문제일 뿐 아니라 '누구에게 행위성이 있는가'를 둘러싼 이론적·철학적 문제다. 예를 들어 인간과 비인간 모두에게 행위성이 있다고 보는 행위자-연결망 이론에 따르면, 태아에게는 행위성이 있다. 독립적 생명으로서 태아의 지위와 행위성이 인정되면 모체는 태아의 생존을 위한 환경 또는 자원으로 간주되기 쉽다. 이는 낙태 정치학에서 여성들에게 불리하게 작용한다.

 임신한 여성의 행위성이 강조되는 것이 무조건 좋은 일만도 아니다. 모체에 대한 태아의 의존성이 강하게 부각될 경우 자칫 어머니인 여성의 책임이 지나치게 무거워질 수 있다. 반대로 태아의 행위성을 인정하는 이론이 여성에게 언제나 불리한 것도 아니다.

여아 낙태를 반대하는 입장에서 태아의 행위성은 유용한 이론적 자원이다. 태아 단계의 여아에게 인격과 행위성을 부여함으로써 낙태를 살인으로 간주하는 낙태 반대론자의 논리를 그대로 적용할 수 있기 때문이다.

    과연 태아라는 존재에게 행위성이 있을 수 있는가? 이론 물리학자이자 페미니스트 철학자 캐런 버라드는 이 곤혹스러운 질문이 두 가지 전제 위에 있음을 지적한다. 첫째, 태아라는 독립적 존재가 실재한다. 둘째, 행위성은 존재가 갖는 능력 내지는 속성이다. 그러나 태아가 어머니의 배 속에 존재한다는 것은 선험적으로 알 수 있거나 주어지는 사실이 아니다. 현대 의학에서 태아의 실재 여부는 산부인과 초음파 검사로 결정된다. 물론 어머니의 신체 변화나 혈액 검사의 호르몬 수치를 통해서도 임신, 즉 태아의 실재 여부를 알 수도 있다. 하지만 초음파 사진에서 수정란이나 아기집이 보이지 않으면 자궁 외 임신이나 화학적 임신 등의 진단이 내려질 정도로 초음파 검사의 역할은 결정적이다. 초음파 기술은 이미 실재하는 태아를 단순히 관찰해 그 존재를 확인하는 도구가 아니라 태아를 어머니의 몸 안에서 독립적으로 실재하는 생명체로 만드는 실천이다. 지금까지 그 실천은 자궁 안에 있는 태아를 볼 수 있게 하고 태아를 사회나 여성과 분리된 존재로 인식하게 하는 매우 특정한 장치로 작동해 왔다. 따라서 행위성은 태아를 개별적 존재로 실재하게 만드는 기술적 실천 그 자체에 있으며 그 실천의 효과인 태아에게 있지 않다. 행위성은 어떤 존재가 가지고 태어나는 속성도 아니고 외부의 누군가가 특정 존재에게 부여할 수 있는 능력도 아니다.

존재하는 것은 현상 그 자체

버라드는 어떤 인간이나 사물도 독립적·선험적으로 존재하지 않는다고 주장한다. 존재하는 것은 인간이나 사물이 아닌 현상이며, 이 현상은 존재론적으로 분리되지 않는 성분들의 얽힘(entanglement) 그 자체다. 버라드가 물(物, matter)이라고 부르는 존재들은 현상의 '내부 작용(intra-action)'에 따른 결과물이다. 상호 작용(interaction)이라는 익숙한 표현 대신 내부 작용이라는 낯선 용어를 쓰는 이유는 상호 작용이 이미 분리된 두 존재를 전제하기 때문이다. 현상 속 성분들은 얽혀 있는 상태, 즉 개별적 존재로 구분되지 않은 상태이기에 이들 성분 사이의 작용은 상호 작용이 아닌 내부 작용으로 명명된다.

버라드는 내부 작용 중에서도 얽혀 있는 현상의 단면을 잘라서 주체와 대상을 드러내는 작용, 즉 주체와 대상의 분리라는 효과를 일으키는 내부 작용을 '행위적 자름(agential cut)'이라고 부른다. 현상의 외부에서 주체 대 대상의 구분을 본질화하는 시도인 데카르트적 자름과 달리, 버라드의 행위적 자름은 현상 내부에서 일어나는 국소적 작용이다. 버라드의 행위적 실재론(agential realism)에 따르면, 주체와 대상뿐만 아니라 자기와 타자, 과거와 현재와 미래, 원인과 결과 사이의 구분 역시 절대적이지 않다.

버라드의 독특한 철학은 닐스 보어의 양자 물리학을 근간으로 한다. 보어는 관측 대상과 관측 장치의 분리 불가능성 및 얽힘에 대해 논의한 바 있다. 버라드는 실험 장치를 예로 들어 보어의 장치 개념을 더욱 물질적이고 역동적으로 설명한다. 1922년 물리학자 오토 슈테른과 발터 게를라흐가 진행한 양자 물리학 실험을 보자. 훗날 원자의 스핀과 양자화를 입증한 실험으로 알려진 이 실험에서 결정적 역할을 한 것은 놀랍게도 게를라흐의 시가였다. 시가 속의 황 성분이 실험 결과에 큰 영향을 준 것이다. 게를라흐는 당시 조교수로 일하며 넉넉지 않은 생활을 했기에 황이 많이 함유된 값싼 시가를 피웠다. 우연히 게를라흐의 호흡기로 들어간 황 성분이 그의 날숨에 섞여 나와, 실험에 사용한 은 입자와 결합하며 스크린에 검은 궤적을 남김으로써 실험 결과를 바꾸었다. 이렇게 보면 슈테른-게를라흐 실험은 이미 존재하는 은 입자의 흔적을 관측했다기보다 그것의 실재 자체를 창조한 과정에 가깝다. 실험 장치가 새로운 과학적 존재를 만들어 내는 것처럼 우리가 물(物)이라고 여기는 모든 존재는 반복적 내부 작용을 통해 창조된다.

현상을 보는 행위가 곧 윤리적 실천

버라드에게 낙태란 복잡하게 얽혀 있는 하나의 현상이다. 이 현상 속에서 특정한 내부 작용이 낙태를 태아 대 임신한 여성의 문제로 뚝 잘라 냈을 뿐 태아와 여성이 원래부터 대립적 존재로 실재하는 게 아니다. 따라서 특정한 내부 작용, 특정한 장치, 특정한 자름을 통해 만들어진 태아 대 여성은 존재의 문제이자 인식의 문제이며, 또한 무엇보다 윤리의 문제다. 낙태와 관련된 윤리는 태아와 임신 여성이라는 물(物)에 나중에 더해지는 관심사가 아니라 이들 존재가 물(物)이 되는 과정에 이미 내재해 있다. 버라드는 이 윤리와 존재, 그리고 존재에 대한 앎의 분리 불가능성을 '윤리-존재-인식-론(ethico-onto-epistem-ology)'이라고 부른다.

그러므로 누구에게 어떤 윤리를 요구할 것이냐는 질문은 너무 늦다. 그 대신 태아 대 여성이라는 경계를 만든 내부 작용에 대해 질문해야 한다. 낙태라는 현상으로부터 이 두 존재를 잘라 냄으로써 어떤 결정이 가능해졌고 어떤 존재가 배제되었는지를 해명하고 이 현상에 어떤 실천, 기술, 정책, 제도 등이 얽혀 있는지를 추적해야 한다. 여성은 낙태에 대한 책임을 지는 유일한 존재일 수 없다. 낙태의 책임은 태아를 독립적 생명체로 시각화하는 기술적 실천에도 있고, 보건 정책이나 의료 체계에도 있고, 빈곤을 재생산하는 사회 구조에도 있다. 우리가 이들 중 무엇을 이야기하고 실천하는가는 그 자체로 윤리적 선택이자 새로운 지식과 존재를

만드는 행위다. 낙태는 이 반복되는 내부 작용에 의해 끊임없이
만들어지는 현상이다.

　사실 버라드의 저서에서 여성과 젠더는 의외로 자주 등장하지
않는다. 여성과 젠더를 다루지 않는 철학이 어떻게 페미니즘일 수
있을까? 버라드의 존재론은 물(物)화, 즉 물(物)이 어떻게 물(物)이
되는가에 대한 철학이다. 버라드가 사유하는 세계는 역동과
활력으로 가득 차 있다. 어느 물질도 수동적으로 비활성화된 채
자신에게 의미가 새겨지기를 기다리지 않는다. 이 점에서 버라드의
철학은 몸과 정신, 자연과 문화, 인간과 비인간의 이원론에 대한
전면적 도전이다. 이것이 페미니즘이 아니면 무엇이란 말인가?

캐런 버라드
(Karen Barad, 1956~)

- 관련 인물

　　　＋　　　　　　＋　　　　　　＋　　　　　　◇
　닐스 보어　　주디스 버틀러　　미셸 푸코　　도나 해러웨이

- 분야: 대륙 철학, 신유물론, 페미니즘 이론, 과학학
- 사상: 행위적 실재론, 신유물론 페미니즘, 포스트휴머니즘, 포스트구성주의
- 주요 활동·사건: UC 샌타크루즈 '과학과 정의' 대학원 교육 과정 공동 책임자

입자 물리학자이자 페미니스트 이론가로, 페미니즘과 과학학의 접점에서 가장 주목받고 있다. 현재 캘리포니아대학교 샌타크루즈에서 페미니즘 연구, 철학, 의식사를 연구하는 교수다. 뉴욕대학교 스토니브룩에서 입자 이론 물리학으로 박사 학위를 받았고, 학제 간 영역으로 오기 전 같은 학교 물리학과에서 이미 영년 교수직을 받았다.

다수의 페미니즘 문화 연구 및 과학 사회학 저널에 논문을 실었고, 2007년에 대표 저작 『우주의 중간에서 만나기』를 발표했다. 이 책은 닐스 보어의 양자 물리학을 철학적으로 해석했다는 점에서 인문학자가 보어에 접근할 수 있는 계기를 최초로 마련했다는 평가를 받았다. 양자 물리학은 이론적·실용적 성취를 거두었음에도 직관에 반하고 모순적이라는 이미지 때문에 그전까지 철학적 측면이 중요하게 다뤄지지 않거나 학문적 의미를 인정받지 못하는 경우가 많았다. 따라서 『우주의 중간에서 만나기』는 물리학자가 본격적으로 양자 물리학의 철학적 함의를 논했다는 점에서 의미가 크다. 이는 물리학을 페미니즘에 적용하려는 시도라기보다 물리학과 페미니즘을 우주의 중간에서 만나게 하려는 시도이다.

전통적 이분법을 넘어서고 인식자의 초월성이 허구임을 인정한다는 점에서 양자 물리학의 철학이 페미니즘과 일맥상통한다고 보았다. 주디스 버틀러와 푸코를 통해 보어를 독해했으며, 특히 보어의 장치 개념을 젠더 수행성 및 담론적 실천의 물질성 등과 연관해 더욱 도발적인 개념으로 재탄생시켰다. 자신의 사상을 보어에 대한 '사이보그적 읽기'라고 표현하기도 하고, 버틀러와 푸코를 역동적·반복적으로 재작업했다는 의미에서 '회절적 독해(differactive reading)'라고 명명하기도 했다.

'행위적 실재론'을 주창하며 과학 비판에 매몰되어 있던 페미니즘이 물(物)이나 과학과 관계를 맺는 새로운 방식을 제시했다. 이 점에서 행위적 실재론은 '신유물론 페미니즘'으로 분류된다. 최근에는 데리다의 유령론을 통해 양자 물리학을 독해하거나 원자 폭탄의 폭력성과 기억을 양자 물리학의 물질성과 시간성 개념으로 해석하는 논문을 발표했다.

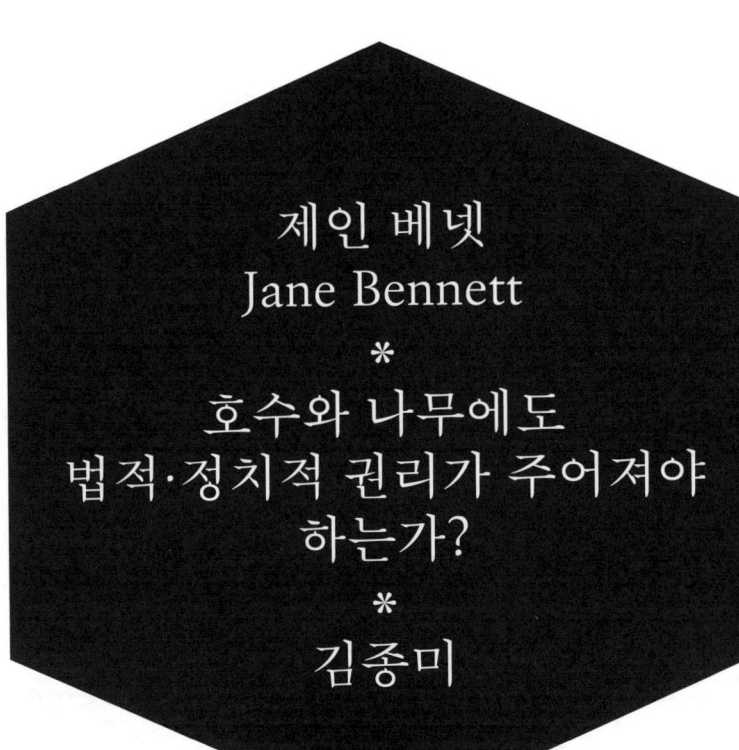

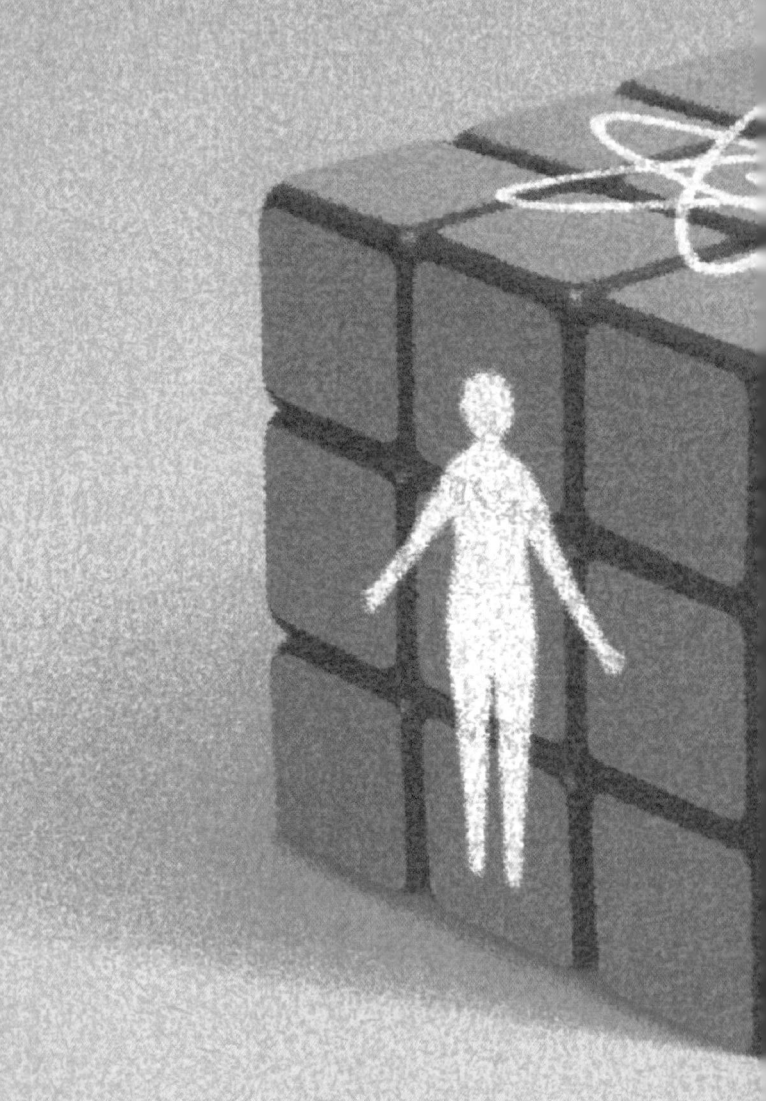

북아메리카의 오대호에 속하는 이리호는 현재 심각하게 오염된 상태다. 주변 농가와 하수 처리 시설로부터 막대한 양의 폐수와 화학 비료 성분이 유입되면서 녹조를 비롯한 독성 물질이 넘쳐나게 되었다. 더 이상 식수를 공급할 수 없는 지경에 이르자 2018년 오하이오주 털리도 시의회는 이리호가 인간처럼 '생존하고 번성하고 자연적으로 진화할 권리'가 있는 주체임을 선언하는 법안을 통과시켰다. 인간에게만 법적 권리가 있다는 전통적 시각을 깨뜨리는 엄청난 정치적 사건이었다. 한편 2019년 11월 《가디언》에는 고색창연한 나무 사진 한 장과 함께 「나무도 인간과 같은 권리를 가져야 하는가?」라는 기사가 실렸다. 자연과 사물이 인간과 같은 권리를 가질 수 있다니? 만약 인간이 세상에 존재하는 모든 자연과 물질을 정복해야 할 타자나 수동적 대상으로 보지 않고 이들을 어엿한 법적·정치적 주체로 인정한다면 세상은 지금에 비해 어떻게 달라질까?

자연과 물질도 적극적·능동적 주체

정치 철학자이자 여성학자 제인 베넷은 자연, 윤리, 정동에 초점을 둔 연구를 통해 자연과 물질도 인간처럼 세계의 변화에 활발하게 반응하는 적극적·능동적 주체라는 점에 주목한다. 베넷의 새로운 사고는 지금까지 인간 중심의 사고에 집중되어 있던 정치 이론, 철학, 인류학, 사회학에 많은 파장을 일으키며 사고의 전환을 주도하고 있다. 지금까지 인간은 능동적으로 행위하고 자연과 물질은 인간의 행위에 수동적으로 임하는 대상, 인간은 언어로 표현하고 자연은 말이 없는 객체라는 두 영역으로 나뉜 채 분석되었다. 아리스토텔레스 이후 2000년간 이어져 온 인간/사물, 사회/자연, 주체/객체라는 이른바 '대분할(Great Divide)'의 벽을 허물려 한다는 점에서 베넷의 도전은 급진적으로 보인다. 오늘날 일어나는 급속한 기술 발전에 둘러싸여 있는 인간의 모습을 생각하면 인간을 특권적 존재로 상정하는 정치 철학만으로는 변화된 세상을 제대로 볼 수 없다. 베넷은 환경 운동을 포함해 사회 변화를 추구하는 어떤 정치 이론도 자연과 사물 같은 비인간 행위자가 모든 사건에 얼마나 능동적으로 관여하는지를 이해할 때 정치적 행위와 역할을 비로소 제대로 성찰할 수 있다고 꼬집는다.

베넷은 라투르, 들뢰즈, 스피노자, 마누엘 데란다, 엘리자베스 그로스, 브라이언 마수미 등의 영향을 받아 인간뿐 아니라 자연과 물질도 정치적 경로를 바꿀 수 있다고 주장한다. 자연과 물질도 활발하고 능동적으로 행위하며 변화를 위한 응집력 또한 갖추고 있기 때문이다. 베넷은 라투르가 제시한 '행위소(actant)' 개념을 본격적으로 확장한다. 지금까지 인간은 자신들만이 의지와 목적을 갖고 주변에 존재하는 환경, 사물, 비인간 생명체들을 동원하고 이용해 효과적 결과를 성취한다고 생각했다. 라투르의 경우, 사물의 행위성은 인간과 비인간의 결합에 의한 네트워크 안에서 비로소 발휘된다고 보았다. 하지만 베넷은 한 걸음 더 나아가 비인간 행위자들에게 그 자체로 잠재적 행위성이 있다고 생각한다. 마당 한구석에 조그만 텃밭을 만들어 작물을 생산한다고 생각해 보자. 인간이 인식하지 못하는 동안 배추벌레는 흙을 갈아엎고 작물의 잎사귀를 뜯어 먹어 토양의 질을 풍부하게 한다. 이렇듯 비인간 행위자의 적극적 행위에는 인간 행위의 경로를 바꿀 수 있는 능동성이 있다. 인간과 배추벌레는 끊임없이 상호 작용하는 하나의 네트워크에서 만날 때 더 극적인 효과를 보여 줄 수 있다. 인간만을 행위자로 여기던 시대는 이제 지났다. 네트워크 안에서는 인간이나 배추벌레나 모두 동등한 행위소로서 조우하며 효과를 낳는다.

군중은 인간-자연-사물의 집합체

베넷이 제기한 새로운 생기론(vitalism)적 접근법에서 주목해야 할 점은 인간과 사물이 서로 만들어 내는 다양한 환경론적 감수성, 즉 정동성에 있다. 전통적 이분법과 인간 중심적 사고에서 벗어나 정치적 행동으로 이어지려면 어떤 행동을 취해야 하는가? 베넷은 수직적 인간중심주의에서 벗어나 인간과 사물 및 자연의 관계를 수평적 관계로 재정립해야 한다고 주장한다. 정치적 행동은 집합적 행동이다. 고전적 정치의 주체는 목적성과 의도성을 가진 인간의 집합, 즉 대중이었다. 하지만 자연을 포함한 사물에게도 그와 같은 행위성이 있다면, 이들은 인간과 결합하는 방식에 따라 정치적 군중 집합체가 될 수도 있다. 이른바 공적 삶이란 매 순간 인간과 사물의 다양한 결합 방식에 따라 다르게 생성돼 효과를 일으킨다.

어떤 관계망에서 인간을 포함한 다양한 행위자의 결합은 그 자체로 곧 주체가 된다. 인간은 통치권자도, 자율적 주체도 아니며 다만 능동적인 몸과 사물들의 복잡한 관계망들로 구성된다. 또한 인간은 그와 같은 결합 과정 안에서 끊임없이 변화하고 수정된다. 결국 모든 사물은 역동적으로 결합되는 과정에 씨줄과 날줄처럼 복잡하게 연결된 채 서로 '정동(affect)'한다. 베넷이 제시하는 새로운 생기론의 핵심이 바로 여기에 있다. 인간은 이 연결망에 얽혀 있는 수많은 행위자 중 하나일 뿐이다. 따라서 베넷의 생기론에서는 능동적 인간 주체와 수동적 대상을 구분했을 때 필요로 하는 사회적 배경, 정치성, 환경, 맥락 등이 더 이상 쓸모가 없다. 인간은 매 순간 사물과 네트워크로 결합해 효과를 일으킬 뿐이다. 비인간을 포함한 군중은 일종의 인간-자연-사물의 집합체다. 이는 "아주 작고 단순하고 미세한 몸일지라도 활기찬 힘으로 표현되고 연결되며 행위소들은 결코 외로이 혼자서 행위하지 않는다." 베넷이 말하는 정치 생태학은 바로 인간과 사물이 결합된 집합체가 만드는 정치적 행동이다.

세상을 변화시키는 베넷의 정치적 생태학

그렇다면 인간과 자연/물질의 집합 행위는 일상생활의 측면에서 어떠한 함의가 있는가? 인간의 문화가 자연/물질과 뒤얽혀서 활기차게 반응한 결과라면 인간의 의도 또한 거대한 비인간 행위자인 환경을 통해서 완성될 뿐이다. 그러므로 인간 개인 또는 배타적 인간 집단이 아니라 어떤 문제를 둘러싼 인간-사물이 결합된 덩어리가 민주주의의 기본 단위가 되어야 한다. 어떤 물질도 홀로 행위하지 않는다. 모든 행위는 항상 변화하며 그 행위는 애초부터 합법적이라거나 나쁜 결과를 초래할 것이라고 정해져 있지 않다. 베넷이 보기에는 인간뿐 아니라 자연, 동물, 사물도 정치적·능동적 행위자다. 결국 행위란 떼를 지어 살아 움직이는 무리들의 생동하는 반응이다. 행위에 반드시 언어로 구성된 목적이나 계획이 있지는 않다. 무슨 일이 일어날지 한 개인이 혼자서는 결정할 수 없으며 한 발 앞서 결과를 예상할 수도 없다. 이들의 행위에서 나타나는 문제는 이미 관계 과정에서 반응하거나 진행 중인 움직임이다. 그래서 모든 것은 생동한다.

    베넷의 급진적 주장은 세상을 변화시키는 정치적 운동에 어떤 함의가 있을까? 베넷이 제안하는 대안적 정치 이론은 '정치 생태학'이다. 문제는 복잡한 과정 속에서 끊임없이 발생하고 강화되고 사라지고 상호 작용한다. 인류를 포함해 지구상 모든 생명체의 생존을 위협하는 지구 온난화, 코로나바이러스의 확산과 같은 문제를 해결하는 방식은 단순히 인간의 우월성에 기반한 전통적 인식론의 문법으로 해결되지 않는다. 이미 인간이 결정해 놓은 비인간 행위자의 속성에 근거해서는 문제를 풀 실마리를 찾을 수 없다. 베넷에 따르면, 물질을 인간과 동등한 정치적·법적 주체로 인정할 때 인간은 이들 물질에 내재하는 생동적 물질성과 결합할 수 있다. 비인간 행위자는 바로 이 지점에서 힘을 생성해 정치적 흐름을 새롭게 변화시킬 수 있는 정치적 주체로 작동하고, 인간이 독단적으로 결정하고 좌우하는 정치적 행위에서 벗어나 인간, 비인간, 환경이 결합하는 새로운 생태적 정치 행위의 가능성을 제시한다.

제인 베넷
(Jane Bennett, 1957~)

$+$ 영향 $\times$ 비판 $\diamond$ 동료

- 관련 인물

$+$	$+$	$\diamond$	$\times$
바뤼흐 스피노자	브뤼노 라투르	도나 해러웨이	토마스 렘케

- 분야: 정치 철학, 생태 철학, 페미니즘
- 사상: 신유물론, 생기적 유물론
- 주요 활동·사건: 학술지《이론과사건》공동 창간(1997), 학술지《정치이론》편집인 활동(2012~2017)

신유물론에 근거해 사고하는 정치 이론가로 생태 철학, 예술과 정치, 정치적 수사학, 미국 정치 사상, 동시대 사회 철학 등 다양한 분야에서 활동하고 있다. 현재 미국 존스홉킨스대학교 정치학과 학장으로 재직하고 있다.

    1979년 시에나대학에서 정치 철학 학사 학위를 받고 코넬대학교에서 환경 과학을 전공하는 등 환경 연구와 정치 철학 분야에서 학문적 이력을 시작했다. 시에나대학 재학 시절, 정치 철학자이자 여성학자인 캐시 퍼거슨을 만나 학문적·이론적으로 많은 영향을 받았다. 이후 매사추세츠대학교 정치학 박사 과정에 진학해 1986년 박사 학위를 받았다. 이후 독일 바이마르바우하우스대학교 국제문화기술연구·미디어철학대학, 영국 옥스퍼드대학교 키블대학, 런던대학교 버벡인문학연구소, 호주국립대학교에서 연구원 생활을 했다. 2013년에는 코넬대학교 비평·이론학부 학장으로 부임했다.

초기 저서로 『무모한 신념과 계몽』(1987), 『소로의 자연』(1994), 『현대적 삶의 매혹』(2001)이 있다. 2010년 발표한 대표작 『생기론적 물질』은 환경과 신유물론에 관한 생각을 발전시킨 책으로, 독자적인 환경 정치학적 생기론을 제시한 저서로 평가받는다. 최근에는 월트 휘트먼의 시에 나타난 정치적 함의에 주목해 『유입과 유출』(2020)에서 해당 주제를 본격적으로 탐구한다. 『유입과 유출』은 생기론의 맥락에서 물질이라는 행위 주체가 어떻게 민주주의에 참여하고 정치적 변화를 이끄는지를 살펴본 후속 연구다.

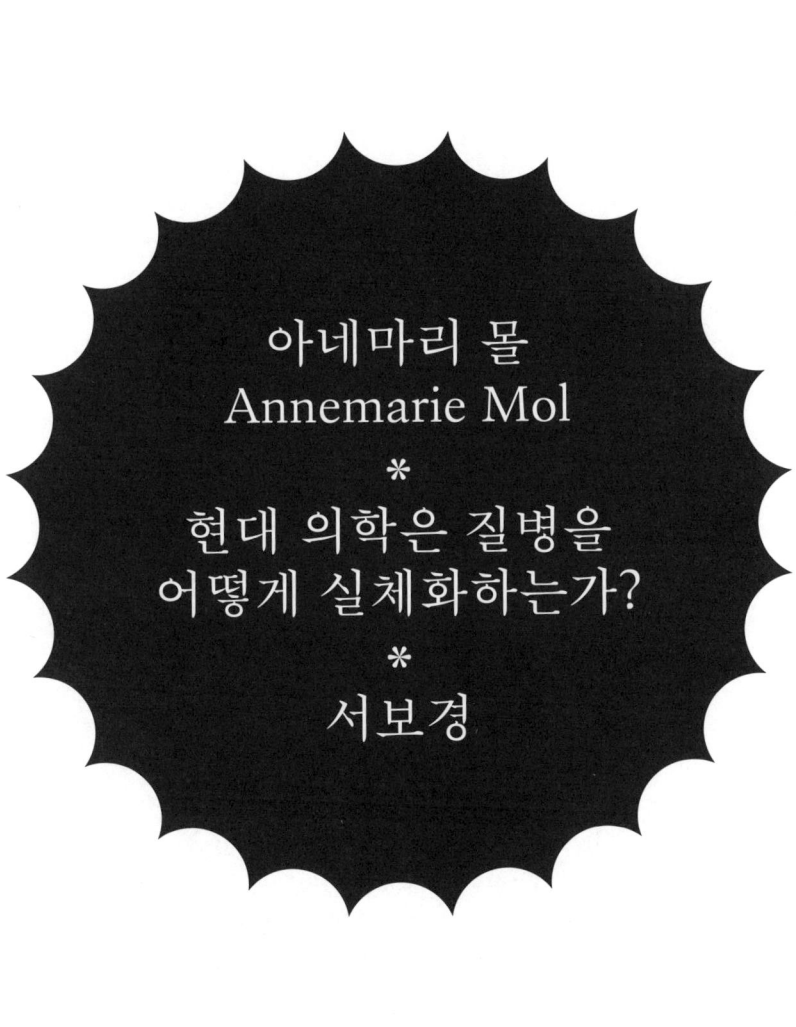

"무슨 검사를 이렇게 많이 해야 하나?" 대학 병원에 가서 치료를 받아 본 사람은 누구나 한 번쯤 해 봤을 질문이다. 동네 병원에서 이미 엑스레이 정도는 찍었다고 이야기해도, 심지어 다른 병원에서 찍은 MRI 기록 사본을 제출해도, 대학 병원에서는 검사를 다시 해야 한다고 재차 요청하기 일쑤이다. 해당 병원에서 모든 검사를 처음부터 새로 하지 않고서는 담당 의사 얼굴도 보기가 힘들다. 그래서 사람들은 종종 비난한다. 병을 고치러 간 환자를 상대로 병원이 돈벌이를 하려 든다고 말이다. 그러나 우리가 병원에서 하는 무수한 검사는 단순히 돈벌이나 타 병원에 대한 불신 때문에 겪는 과정만은 아니다.

병원에서 우리 몸이 끊임없는 검사의 대상이 되는 이유는 현대 의학이 환자의 신체를 정밀하게 진단하고 이에 따라 치료 과정을 표준화하도록 발전해 왔기 때문이다. 병원에서 우리 몸은 검사를 통해서만 발견될 수 있고, 더 나아가 진단과 치료의 과정에서 끊임없이 분화한다.

걸을 때 종아리가 아파요. 동맥 경화증인가요?
인류학자이자 철학자인 아네마리 몰은 동맥 경화증에 대한 문화기술지 연구를 바탕으로, 병원에서 환자의 몸은 하나의 고정된 실체가 아니며 복수의 존재를 획득한다고 주장한다. 동맥 경화증은 혈관에 지방이 들러붙어 동맥이 좁아지고 혈관의 탄력이 약해질 때 나타나는 여러 증상을 말한다. 예를 들어 걸을 때 종아리가 터질듯이 아프고 발에 생긴 상처가 잘 낫지 않는다면 폐색성 동맥 경화증일 가능성이 있다. 그렇다면 의사는 환자의 몸에 동맥 경화증이 생겼다는 사실을 어떻게 알 수 있을까?

 몰은 동맥 경화증을 진단하는 과정을 섬세하게 추적한다. 이를 통해 검사 방법, 진단 척도, 환자의 느낌, 그리고 이 모든 걸 종합하는 의사의 판단 등에 따라 병이 환자의 몸에 존재하기도 하고 존재하지 않기도 한다는 점에 천착한다. 동맥 경화증 환자의 절단된 발과 하지 혈관을 현미경으로 들여다보는 병리학자는 동맥 경화증의 병변을 눈으로 확인할 수 있을지 모르지만, 그 병변이 실제 살아 있는 환자의 몸 어디에서 어떤 통증을 일으켰는지는 알 도리가 없다. 진찰실에서 살아 있는 환자를 만나는 순환기 내과 전문의는 환자가 말하는 통증의 속성과 생활 습관을 통해 동맥 경화증의 위험 인자를 일차적으로 판단하고자 하며, 이 과정에서 추가적으로 환자의 맥박을 들어 보는 검사를 하기도 한다. 청진기로 혈류가 흐르는 소리를 직접 듣는 이 검사에서 동맥 경화증은 눈에 보이는 형태가 아니라 일종의 잡음, 소리로만 존재한다. 순환기 내과 전문의는 각종 영상 검사 결과를 통해 동맥 경화증의 진전을 확신하고 환자에게 수술을 권할 수도 있다. 하지만 협진 요청을 받은 혈관 외과 전문의는 환자의 피부 상태와 맥박을 직접 느껴 보기 전까지 수술 여부의 판단을 유보할 수도 있다. 이 각기 다른 개입의 방식들 속에서 동맥 경화증은 하나의 진단명 아래 여러 가지 실체를 갖는다.

현대 의학에서 몸이 하나의 고정된 실체가 아니라 '다양체'로 존재한다는 몰의 인식은 의학의 존재론적 기반을 새롭게 규정했다는 평가를 받는다. 몸이나 질병은 하나인데 이를 해석하는 입장이 다양한 것이 아니다. 저마다 다른 지식 체계와 실천 속에서 몸은 하나 이상의 존재를 획득한다. 이는 진단 방식이나 치료 방식의 발전이 몸의 신비를 밝히는 데 그치지 않고, 이전에는 존재하지 않던 몸의 존재 양식을 만들어 낸다는 것을 뜻한다.

선택이냐 돌봄이냐?

그렇다고 해서 우리 몸의 존재가 의학 기술에 따라 무한히 증식하는 것은 아니다. 모든 검사와 진단 과정을 거친 환자는 여전히 하나이고, 이제 그 환자가 수술을 할지 말지, 어떤 운동을 하고 어떤 음식을 먹어야 할지를 결정해야 하기 때문이다. 이때 누가, 어떻게 이 결정을 내려야 할까?

몰의 관점에서 병은 단순히 의사가 알아내는 것, 환자가 앓는 것이 아니다. 병은 의료라는 장 안에서 의사와 환자가 함께 하는 행위에 가깝다. 다시 말해 병은 의학을 통해 객관적 상태로 규명될 수 없으며, 그것을 알아내고 앓아 내는 과정을 통해 실체화된다. 병원에서 병을 아는 과정(의사의 일)과 병을 앓는 과정(환자의 일)은 분리될 수 없다. 모든 진단과 치료의 과정에서 의사의 개입은 본질적으로 환자의 경험에 의존해서만 실현 가능하고, 환자의 질병 경험 역시 의사의 지식과 조언에 따라서 확연히 달라진다.

    질병 경험에서 의사와 환자의 상호 의존은 의료의 존재 기반이라고 할 수 있지만, 현대 의학에서 가장 외면당하는 영역이기도 하다. 몸 다양체에 대한 몰의 관심은 이후 의료라는 장에서 돌봄이 어떻게 가능한가를 고민하는 철학적이고 실천적인 논의로 발전한다.

    몰은 현대 의학을 지배하는 두 가지 논리, 선택의 논리와 돌봄의 논리를 대비시킨다. 의료에서 선택의 논리는 일면 환자의 권리를 증진해 주는 것처럼 보인다. 의사는 동맥 경화증 환자에게 약물 치료를 할 경우, 혈관에 스텐트를 삽입할 경우, 혈관 우회술을 할 경우에 대해 충분한 정보를 주고, 환자는 그 정보를 바탕으로 자신에게 가장 적합한 치료 방법을 선택한다. 이렇듯 의료를 선택 가능한 것으로 상정하는 사고는 환자의 경험보다 의사의 판단을 우선시하는 시각을 극복하는 데에 중요한 기여를 했다. 그러나 이 선택의 논리 끝에 대형 병원의 '의료 쇼핑'이 나타난다. 환자들은 이제 인터넷으로 각종 치료법을 미리 검색하고, 의사의 이력을 확인하고, 주요 대형 병원 중 어디가 좋을지를 스스로 판단해야 한다. 그리고 이 모든 선택의 책임은 고스란히 환자만의 몫이 된다.

의사는 관리하는 사람이 아니라 돌보는 사람

환자에게 선택을 맡기는 환자-소비자 모델은 허구에 불과하다. 질병에 대한 의료 지식은 언제나 불완전하며, 고통 받는 존재인 환자에게 합리적 선택은 강요된 허상일 뿐이다. 무엇보다 의료는 상품이 아니다. 몰은 소비주의와 시민권 개념을 결합한 선택의 논리가 결국은 의사와 환자의 상호 의존을 이해하지 못하게 하며, 동시에 돌봄에 바탕을 둔 의료를 불가능하게 한다고 말한다.

질병이 복수의 존재론에 기반한다는 사실은 그 누구도 질병 경험을 온전히 이해하고 설명하고 통제할 수 없음을 뜻한다. 따라서 의료는 상호 모순적으로 보이는 몸의 존재론에 대한 불완전한 이해를 조심스럽게 해소하고 실험하고 조정하는 과정으로 보아야 한다. 즉 몰에게 돌봄은 의료 바깥에 있는 것, 전문적 의료인이 아니라 간병인이나 가족이 제공하는 감정적·신체적 수발 같은 것이 아니다. 돌봄이란 이처럼 불완전하고 부분적인 의학의 해결책들을 제시하고 조율하는 모든 행위와 실천을 뜻한다. 몰의 논의에 따르면 의사에게 가장 중요한 능력은 환자에게 선택지를 주는 관리자로서의 능력이 아니라 바로 이 돌봄의 능력이다.

몸과 질병에 대한 아네마리 몰의 새로운 이해는 돌봄을 다시 생각하게 한다. 돌봄은 의료의 발전, 더 나아가 여타의 과학 기술의 진화를 파헤치는 논법으로 읽을 수도 있다. 아픈 몸을 돌보는 일은 결국 이 아픈 몸의 존재론을 구성하는 무수히 많은 지식과 기술적 체계를 잘 돌보는 일과 다름없다. 취약한 존재의 필요를 인식하고, 불완전하더라도 책임감을 함께 나누는 일. 좋은 병원, 좋은 의사, 좋은 의료의 지형은 돌봄의 윤리와 정치 속에서 그려 낼 수 있다.

아네마리 몰
(Annemarie Mol, 1958~)

$+$ 영향 　 $\times$ 비판 　 $\diamond$ 동료

- 관련 인물

$+$	$+$	$\diamond$	$\times$
도나 해러웨이	메릴린 스트래선	존 로	브뤼노 라투르

- 분야: 의료 인류학, 의철학, 과학 기술학
- 사상: 존재론적 전회, 행위자-연결망 이론, 페미니즘
- 주요 활동·사건: 스피노자상 수상(2012), 네덜란드 왕립예술과학아카데미 회원 위촉(2013)

네덜란드의 인류학자이자 철학자로, 암스테르담대학교에 '몸의 인류학' 교수로 재직하고 있다. 페미니스트 과학 기술학, 행위자-연결망 이론을 넘나들며 몸의 실재성과 존재론이라는 문제를 탐구해 왔다. 인류학적 연구 방법과 철학적 논의를 창의적으로 엮어 내는 작업을 수행했고, 병원과 요양 시설에서의 문화 기술지를 바탕으로 돌봄에 대한 철학적·실천적 논의를 이어 가고 있다. 대표 저작으로 『몸 다양체』(2002), 『돌봄의 논리』(2008)가 있으며, 먹는 행위와 관계성의 문제를 탐색하는 유럽연구재단의 프로젝트를 이끈 바 있다. 네덜란드에서 가장 권위 있는 학술상인 스피노자상을 2012년 수상했고, 이듬해 네덜란드 왕립예술과학아카데미 회원으로 위촉되었다.

　초창기에는 과학이라는 지식 실천 체계가 여성을 탐구의 대상으로 만드는 방식, 나아가 과학이 여성에 대해 어떤 실천을 하고 있는지를 살펴봐야 한다고 주장했다. 여성에 대한 다양한 관점의

차이보다 여성이라는 대상을 만들어 내는 방식들 간의 관계에 주목하면서 존재의 복수성이라는 화두에 천착했다. 한편 타자성을 강조하는 인류학적 관점을 통해 과학 자체가 곧 이해와 탐구를 요하는 타자임을 강조했다.

과학 기술학 분야에서 존 로와 오랫동안 협력했으며, 행위자-연결망이 질서를 만들어 내는 다양한 방식에 집중해야 한다고 주장했다.『몸 다양체』에서는 여러 의학적 실천에서 몸의 복수성이 상호 연결, 조율, 조정되는 양상을 섬세하게 보여 줬다. 또한 해러웨이의 친족 및 사이보그, 스트래선의 부분적 연결 등의 개념을 존재론에 대한 논의로 새롭게 읽어 냈다.『돌봄의 논리』는『몸 다양체』에 비해 훨씬 짧은 저작이지만, 돌봄의 인류학에 대한 논의를 증대시키는 데 중요한 역할을 했다.

인류학의 존재론적 전회에서 중요하게 언급되는 학자이지만, 막상 본인은 이론적 전환 자체를 추구하지 않는다고 말한다. 존재론에 대한 논의는 정치의 문제와 무관하지 않으며, 존재의 복수성에 대한 이해는 그 복수의 실체가 어떻게 살아가는지에 대한 정치적 문제와 무관하지 않기 때문이다. 누가 말하는지, 누구를 위한 정치인지의 차원을 넘어선다는 뜻에서 이 존재론의 문제를 '무엇의 정치(a politics of what)'라고 명명했고, 최근에는 무엇의 정치라는 관점에서 돌봄, 먹는 행위 등을 탐구하고 있다.

세라 와트모어
Sarah Whatmore

*

콩은 인간의 작물 재배와
소비에 어떻게 개입하는가?

*

최명애

콩밥이란 무엇인가. 많은 이에게 콩밥은 끼니를 해결할 좋은 식품이다. 그런데 한번 가정해 보자. 내가 콩밥을 먹는 식사 현장에 세 명의 사회 과학 연구자가 찾아온다. 첫 번째 연구자는 콩밥의 콩을 가리킨다. 국내 콩 자급률이 10% 안팎임을 감안하면, 이 콩은 중국에서 재배되고 수입됐을 가능성이 높다. 그에게 콩밥은 농업의 세계화를 드러내는 자본주의 상품이다. 두 번째 연구자는 한국 사회에서 콩밥이 갖는 문화적 의미를 상기한다. 과거에는 쌀이 모자라 콩밥을 지어 먹었고, 값싼 식사인 콩밥이 감옥에서 배급되었다. 그에게 콩밥은 우리 사회가 겪은 가난의 표상이다.

마지막 연구자는 콩밥을 물끄러미 바라보다 나에게 한 숟가락 떠서 입에 넣어 보라고 권한다. 딱딱하고 차가운 콩의 질감은 보드랍고 따뜻한 밥과 따로 돈다. 그렇지만 건강에 좋다고 하니 밥과 함께 씹어 삼킨다. 걱정 많은 이들은 혹시라도 이 콩이 유전자 조작 식품은 아닐까 잠깐 불안할지도 모른다. 콩밥을 먹는 이 행위는 어떻게 가능할 수 있었을까? 오로지 인간의 이성과 의지 덕분일까? 세 번째 연구자는 콩의 질감, 영양적 특성, 콩을 먹어 온 역사적 경험, 안전성에 대한 불안과 재배 기술 등의 다양한 물질적 요소가 콩밥을 먹는다는 일상적 행위에 결합돼 있다고 지적할 것이다. 그에게 콩밥은 다양한 사물, 행위, 관계를 통해 만들어지는 '관계적 성취물'이자 인간 및 비인간 존재의 생태와 활력을 통해 우리의 삶이 직조되고 있음을 보여 주는 존재론적 증거다. 바로 이 세 번째 연구자가 세라 와트모어다.

물질의 역습

인문 지리학자 와트모어는 지리학이 2000년대 초반까지 인간과 비인간의 '살아 있음'을 간과해 왔다고 지적한다. 1970년대 이후 마르크스주의의 영향을 받은 비판적 지리학자들은 자연-사회 관계에서 자본주의 경제 활동의 결정적 역할에 주목하고, 자연의 상품화와 이 과정에서 야기되는 정치적·경제적·문화적 불평등을 드러내는 데 주력했다. 콩밥 사례의 첫 번째 연구자가 바로 그 예다. 한편 1990년대 일군의 지리학자들은 언어, 문화, 권력 관계에 집중하는 '문화적 전환'의 자장 속에서 자연에 대한 지식이 고유한 사회적 맥락 안에서 생산되고 있음을 강조했다. 콩밥에서 가난을 읽어 내는 두 번째 연구자처럼 이들은 자연 담론과 이미지를 해체해 사회의 문화적·정치적 특성을 밝히는 데 몰두한다.

  와트모어는 이 두 입장 모두가 콩과 인간이 살아 있는 존재라는 사실을 누락했다고 지적한다. 콩과 인간에게는 고유한 신체, 생태, 삶의 경험이 있다. 기존에는 콩과 같은 존재가 죽은 것으로 취급되었는데, 세계를 이해하고 변화를 모색하려면 인간과 비인간 존재의 살아 있음, 즉 신체와 활력을 적극적으로 반영해야 한다. 이는 야생 동물 보전이나 유전자 변형 식품 논란과 같은 특정한 사회 현상 안에 접혀 있는 시공간적 관계를 드러냄으로써 가능해진다. 인간 및 비인간 존재의 생태, 에너지, 감정 등이 어떻게 사회 현상을 견인하는지를 보여 주어야 하는 것이다.

콩과 세 개의 시공간

그 대표적 예로 지구에서 가장 흔한 작물 중 하나인 콩을 들 수 있다. 와트모어는 콩의 재배와 소비라는 사회 현상에 적어도 세 개의 물질적·감각적 순간이 접혀 있다고 지적한다. 첫 순간은 3000년 전 중국 농민들이 처음으로 야생 콩을 작물로 심기 시작한 때다. 콩은 단백질 함량이 높고 기르기 쉬우며 토양까지 기름지게 하는 마법의 작물이었다. 중국 농민들은 콩을 '노란 보석'이라고 부르며 환영했다. 이들은 야생 종자를 길들여 콩의 품종을 다양화하고, 콩의 싹을 틔워 콩나물을 먹기 시작했다. 또한 콩으로 두부나 각종 소스를 만들어 부족한 단백질을 보충하는 데 이용했다.

콩은 18세기 후반 북미로 건너가 20세기 후반 미국에서 두 번째 결정적 시공간을 맞는다. 콩은 미국의 산업적 대량 재배에 적합하지 않았다. 병충해에 취약해 한 해 농사를 망치기 일쑤였다. 그러나 가공 식품 산업의 발달과 함께 식물성 기름이 필요해지면서 콩 수요는 빠른 속도로 늘어났다. 미국 산업계는 병충해에 강한 콩을 생산하기 위해 품종 개량을 꾸준히 시도했다. 그때 구원 투수로 등장한 것이 유전자 변형 기술이다. 미국 생화학 업체 몬산토는 1996년 병충해에 강한 유전자 변형(genetically modified, GM) 콩 '라운드업 레디'의 상업화에 성공한다. 라운드업 레디는 자체적으로 살충 성분을 발생시켜 병충해를 막는 GM 종자였다. 이 편리한 콩은 미국 콩 재배 농가로 빠르게 확산돼 1998년 미국 콩 재배 전체 면적의 3분의 1을 점유하기에 이른다.

라운드업 레디는 1996년 10월 유럽으로 20만 톤이 수출되기도 했다. 그러나 유럽에서 라운드업 레디를 기다리고 있던 것은 피켓을 든 시위대였다. 이 지점이 세 번째 순간이다. 1990년대 말 유럽이라는 시공간에서 콩의 재배 및 소비와 결합한 것은 GM 식품의 안정성을 둘러싼 불안감이었다. 유럽 전역에서 GM 콩 불매 운동이 벌어지면서 GM 식품의 이력 추적 제도나 라벨링과 같은 새로운 제도가 만들어졌고, 나아가 GM 종자를 사용하지 않는 유기농 콩 시장이 성장했다. 그 결과 중 하나가 우리가 콩밥에 흔히 섞어 먹는 중국산 콩이다. GM 식품에 대한 우려가 우리 사회에도 폭넓게 확산되면서 GM 콩을 재배하지 않는 중국에서 식용 콩 대부분을 들여오게 된 것이다. 이처럼 콩은 다양한 시공간에서 토양, 농부, 과학자, 법률 체계, 재배 기술, 시장 등 다양한 사물, 행위, 관계와 결합한다. 콩은 단순히 자본주의 경제 활동의 수동적 대상물도, 사회적 의미를 담지한 표상도 아니다. 콩은 다양한 인간 및 비인간이 결합한 연결망을 통해 만들어지는 하이브리드적 성취물인 것이다.

행위자-연결망 이론을 생동화하라

와트모어는 콩이 이질적 연결망의 효과라는 논의에서 한 발짝 더 나아가, 연결망에 결합된 존재들의 생태, 감각, 에너지 등에 주목함으로써 행위자-연결망 이론을 생동화하고자 한다. 와트모어에게 비인간 존재는 인간의 개입을 기다리는 수동적 대상이 아니다. 앞서 언급한 세 개의 시공간에서 볼 수 있듯 콩의 고유한 생태적 특성은 콩의 재배와 소비를 특정한 방향으로 인도한다. 와트모어는 이렇듯 콩의 살아 있는 존재감이 여타의 이질적 행위들과 결합해 작물의 재배와 소비 산업에서 권력과 지식의 배분을 다양화한다고 지적한다. 다시 말해 콩이 작물 재배와 소비를 둘러싼 지식 체계와 실천에 있어 하나의 행위자로 기능한다는 것이다.

나아가 그는 감각, 느낌, 습관과 같은 비인지적 의사소통 방식에 주목한다. 과학적 지식과 이성적 판단뿐 아니라 신체적 소통 또한 세계를 이해하고 바꾸는 데 중대한 역할을 하기 때문이다. GM 콩을 둘러싼 식품 위기는 사회 현상이 신체적·감각적 실천임을 드러낸다. 과학자와 정책 결정자들은 GM 콩의 안정성에 대한 과학적 지식과 정책적 판단을 내놓는다. 하지만 식품 안전성 논란이라는 사회 현상을 만들어 내는 결정적 동력은 '먹는다'라는 신체적 행위와 불안, 공포 등의 감정이다.

이렇듯 와트모어는 비인간과 비재현적 소통을 통해 사회적 삶의 존재감이 드러나는 순간을 포착해 세계의 '살아 있음'이 세계의 구성과 작동에 치명적 역할을 하고 있음을 밝힌다. 사회적 삶은 전문가와 과학적 지식에 의해 규정되는 것처럼 보이지만, 실제로는 생태적·물질적으로 직조되어 있다. 와트모어는 이를 짚어 냄으로써 세계를 인간뿐 아니라 다양한 동물, 식물, 사물, 장치, 자료, 관계 등을 통해 만들어지는 '인간 너머의 세계(more-than-human world)'로 새롭게 이해하도록 한다.

비인간 행위성과 비인지적 의사소통에 대한 와트모어의 강조는 지리학 분야에서 '인간 너머의 지리학'이라는 연구 경향의 발전으로 이어졌다. 연구자들은 동물 연구 등을 통해 비인간 행위성에 대한 이론적·경험적 논의를 확장하는 한편, 와트모어의 관계적 존재론을 인간 너머의 세계의 새로운 정치학에 대한 논의로 발전시키고 있다. 사회 현상을 이질적 연결망의 효과로 보면, 현재의 현상과 제도가 선험적으로 주어지거나 고정 불변하지 않으며 연결망의 변화에 따라 얼마든지 새롭게 다시 만들어질 수 있음을 알 수 있다. 새로운 행위자와 행위가 결합해 작동함으로써 자연-사회의 새로운 관계가 가능해지는 것이다. 이런 측면에서 와트모어의 논의는 세계의 가능성에 대한 믿음으로 가득 찬 '희망의 지리학'이라는 평가를 받는다. 와트모어의 긍정의 철학은 이후 세계의 이해와 정치적 판단에 비인간 존재들을 적극 고려해야 한다는 '코스모폴리틱스 정치학'의 발전으로도 이어진다.

세라 와트모어
(Sarah Whatmore, 1959~)

+ 영향   × 비판   ◇ 동료

- 관련 인물

※	+	◇
브뤼노 라투르	도나 해러웨이	나이절 스리프트

- 분야: 인문 지리학, 자연-사회, 재난 연구, 사회 이론
- 사상: 인간 너머의 지리학, 행위자-연결망 이론, 비재현 이론
- 주요 활동·사건: 영국학술원 회원 선정(2014)

1959년 영국 출생의 인문 지리학자다. 주로 자연의 다양한 문화적 이해와 실천에 관심을 두고 과학, 환경 거버넌스, 일상의 영역에서 인간과 비인간, 자연과 사회가 연결되는 다양한 방식을 연구한다. 1988년 런던대학교 UCL에서 지리학 박사 학위를 받고 브리스톨대학교, 오픈대학교 등을 거쳐 2004년부터 옥스퍼드대학교 환경 지리학과 교수로 재직하고 있다. 2014년 영국학술원 회원으로 선정됐다.

초기에는 농촌 지리학적 관점에서 젠더와 대안적 식품 네트워크 등을 주로 연구했다. 1990년대 후반 유전자 변형 식품과 야생 동물을 연구하면서 자연-사회 분야의 독보적 지리학자로 주목받기 시작했다. 대표작 『하이브리드 지리학』(2002)에서 "인문 지리학의 자연-사회 연구에서 인간의 위치를 새롭게 정립해야 한다."라는 담대한 주장을 펼쳤다. 이로써 비인간 행위성과 비재현적 소통을 강조하는 인간 너머의 지리학과 사회 과학 연구를

발전시키는 데 크게 기여했다. 그러나 다양한 철학 및 사회 이론을 빌려 이론적 논의를 쌓는 데만 집중하고 실제 현실 세계의 문제를 해결하는 데 뚜렷한 함의를 제공하지 못한다는 비판 또한 받았다.

　최근에는 식품 위기 문제와 더불어 홍수 등의 재난이나 환경 위기를 주로 연구하고 있다. 문화 지리학, 고고학, 과학 기술학 등 철학, 정치 이론, 물질 문화를 다루는 다양한 사회 과학 분야와 지리학을 융합하는 성격의 연구를 펼쳤다. 그 밖에 주요 저작으로 편저 『사회 이론의 이용』(2003), 『정치적 문제』(2010) 등이 있다.

뱅시안 데스프레
Vinciane Despret

*

인간과 동물은
어떻게 함께 사유하는가?

*

주윤정

동물을 향한 경이와 호기심

동물은 이제 인간 사회 바깥의 존재가 아니다. 신문의 사회면에도 동물에 대한 다양한 이야기가 등장하고 있다. 아프리카돼지열병으로 인해 야생 멧돼지 사냥을 두고 치열한 논쟁이 벌어지기도 했다. 동물은 인간과 함께 살아가는 반려자로서 온기와 애정을 나누기도 하지만 가축 전염병의 매개체로서 위험과 공포를 불러일으키기도 한다. 또한 가축 살처분으로 인해 동물들이 무수히 죽어 가는 모습은 집단적 트라우마를 야기하기도 한다. 이렇듯 동물들은 사회에서 다양한 지위, 역할, 정동을 통해 인간들과 다양한 관계를 형성한다. 이런 이유로 인간이 동물과 어떻게 관계를 맺는지의 문제가 인문학적으로 진지하게 성찰되고 있다.

철학자이자 동물 행동학자인 뱅시안 데스프레는 인간과 동물이 맺는 다양한 관계를 철학과 동물 행동학의 서사로 직조한다. 그는 인간과 동물의 관계를 설정하는 여러 정동 가운데서도 특히 경이와 호기심을 강조한다. 철학이 경이와 호기심에서 시작되듯 인간과 동물의 관계에 있어서도 이 두 감정이 중요하다고 생각하는 것이다. 이는 동물과 인간의 동질성보다 이질성과 차이를 찾으려는 노력이라고 할 수 있다. 동물은 인간과 다른 존재라는 점에서 경이를 불러일으키며 이로써 인간과 흥미로운 동반 관계를 형성할 수 있다. 이런 의미에서 데스프레는 프랑스 철학자 이사벨 스탕게르스가 이야기하는 '코스모폴리틱스', 다시 말해 "인간과 비인간 행위자가 공통으로 참여하는 생태적 집합체의 다양한 결합"을 추적하는 철학을 실천한다고 할 수 있다.

데스프레는 데리다에 대한 해러웨이의 비판을 인용하며 철학은 왜 동물이 부재한 상황에서 동물을 관념적으로 논하는지 질문한다. 인간이 동물을 응시하는 만큼 동물 역시 인간을 응시한다. 그럼에도 철학은 동물의 응시를 무시한다. 데스프레는 철학이 동물의 응시에 응답해야 하며 그러려면 철학자들이 동물로부터 생각하는 법을 배워야 한다고 강조한다. 이로써 그는 동물을 이성과 계몽의 타자로 인식하는 기존의 철학 전통과 거리를 둔다.

동물은 어떻게 연구에 참여하는가

데스프레는 실험실 과학이 아니라 현장에서 동물을 직접 관찰하는 동물 행동학의 방법론을 통해 동물로부터 생각하는 법을 다양한 방식으로 실천한다. 그는 동물을 연구하며 예의를 갖추는데, 이것은 윤리적 의무이자 일종의 방법론적 장치이기도 하다. 동물을 단순히 연구의 대상으로 바라보는 시각과 달리, 데스프레는 동물들도 앎의 과정에서 일종의 공동 작업을 함께 수행하고 훨씬 생동적으로 움직일 수 있도록 유도한다. 동물은 때로 데스프레의 연구에 적극적으로 협조하기도 한다. 데스프레는 동물을 하나의 대상이나 범주로 환원하지 않으며 각각의 동물은 모두 개별적 개체로 인식돼 저마다의 성격을 생생히 드러낸다.

데스프레는 동물의 생각을 알아내고 동물과 함께 사유를 발전시키는 다양한 연구를 진행한다. 「양에게도 의견이 있다」, 「생태학과 이데올로기」, 「동물 세계의 주체성 형성」, 「우리가 제대로 질문한다면 동물은 뭐라고 답할까?」, 「공감, 관점, 입장들 사이의 동물 행동학」 등 논문 제목만 살펴보더라도 연구 주제의 다채로움이 드러난다. 뿐만 아니라 현장 연구(남부얼룩무늬꼬리치레, 양, 늑대), 유튜브 비디오(고양이, 까마귀, 사자), 과학 실험실(카푸친 원숭이, 쥐), 동물원(오랑우탄, 개코원숭이), 농장(돼지, 염소, 소), 영화(앵무새), 문학(말, 호랑이), 철학 및 역사(문어, 진드기, 갈까마귀) 등 다양한 종과 매체를 넘나들며 인간과 동물이 어떻게 공존하고 결합하고 얽히는지 설명하기도 한다.

그중 대표적 사례가 이스라엘 네게브 사막에 서식하는 조류 종 남부얼룩무늬꼬리치레와 이 종을 연구한 동물 행동학자 아모츠 자하비에 대한 연구다. 자하비는 관찰을 통해 이 새들이 복잡한 상호 작용, 이타성, 관계성을 형성하고 자기들만의 다양한 언어와 위계 등을 가지고 있음을 밝혀냈다. 데스프레는 자하비가 새들과 상호 작용하는 모습을 살펴보며 다른 자연 과학자들의 작업이 이데올로기와 정치성으로 오염되어 있음을 증명하고자 했다. 찰스 다윈과 표트르 크로포트킨을 예로 들자면 동일한 동물의 행위를 관찰하더라도 다윈은 경쟁을 중시한 데 반해 크로포트킨은 이타성과 연대를 강조했다. 새들의 행위를 경쟁 중심적으로 설명하는 다른 동물학자들과 달리, 자하비는 이타성, 유희 등 다양한 상호 작용과 사회적 관계성을 탐구했다.

데스프레는 과학자들이 연구하는 모습을 관찰하며 인간의 탐구 방식 자체를 의문시한다. 생물학적 연구에서는 새의 모든 행동을 단순히 진화와 번식의 관점에서 설명한다. 기존의 행동학을 비롯한 분야에서는 새의 행위를 진화 등의 목적에 따른 행위로 설명하지만, 새의 춤을 그 자체의 유희로서 볼 수는 없느냐는 의문이 남는다. 새의 춤은 번식만을 위한 행위인가 아니면 유희인가? 새에게도 놀이가 있느냐는 질문은 새가 진화의 법칙에 의해서만 생존하고 번식하는 존재가 아니라 나름의 미학, 유희, 놀이를 갖춘 유기체임을 생각해 보게 한다.

데스프레는 자하비를 관찰하며 알게 된 내용을 토대로 동물 행동학이 단순히 과학적 사실을 입증하는 것이 아니라 하나의 이야기를 생산한다고 말했다. 과학 지식의 생산은 언제나 어떤 구체적인 존재 방식에 대한 이야기다. 과학은 중립적이고 객관적인 관찰과 분석이 아니라 암묵적 서사에 기초해 있으며 동물은 인간과 함께 그 서사를 형성하는 데 개입한다. 그래서 데스프레는 동물과 인간의 관계를 이야기로 구성할 때 동물의 입장에서 생각해 보기를 권하고 실천한다. 그러려면 연구자가 던지는 질문이 인간만이 갖는 관심에 의해 제시된 것인지 동물도 관심을 가질 만한 주제인지 되물어야 한다. 데스프레가 보기에 재미있는 연구란 모든 존재를 흥미롭게 보이게 하는 연구다. 경험과 의미를 강조하는 이유는 동물을 도구로 볼 것인가 생명으로 볼 것인가의 이분법을 넘어서기 위함이다. 경험과 의미를 통해 과학 기술에 잠재되어 있는 서사를 드러내고 이로써 새로운 과학의 가능성을 모색할 수 있기 때문이다.

인간-동물 공존을 위한 현실적 해결책과 책임감

데스프레의 철학은 실용주의에 근간한다고 볼 수 있다. 데스프레는 스탕게르스가 언급한 낙타 열한 마리의 유산에 대해 이야기한다. "유산으로 남겨진 낙타 열한 마리를 세 아들이 나누어 가져야 한다. 아버지는 낙타 열한 마리 가운데 절반을 첫째에게, 4분의 1을 둘째에게, 6분의 1을 막내에게 유산으로 나누어 주기로 했다. 세 아들은 아버지의 유언을 어떻게 실행할지 논의하다가 현자를 찾아갔다. 현자는 세 아들에게 낙타를 한 마리 빌려주고는 이 낙타를 각각의 몫에 맞게 나눠 보라고 제안했다. 아들들은 셈을 해 본 뒤 낙타를 현자에게 되돌려 주었다."

이 이야기는 유산과 전통의 역설을 잘 보여 준다. 역사적으로 과학, 철학 등 여러 학문적 전통에서는 저마다 다양한 방식으로 인간-동물 관계를 이해해 왔다. 각각의 관점은 상충하기도 하지만 데스프레는 이를 정합적으로 통합하려 하지 않는다. 오히려 그는 낙타 이야기를 통해 실용주의적 태도로 실제 문제에 접근해야 함을 주장한다. 인간은 전통에 긴박되어 있는 존재다. 유산에서 시작한다는 것은 자신이 무엇으로부터 연원했는지를 인식하는 것이다. 하지만 열한 마리 낙타 이야기에서 알 수 있듯 유산은 파괴하지 않으면 나눌 수도 없다. 그래서 데스프레는 철학의 전통에서 사유를 발전시키는 동시에 동물로부터도 사유함으로써 두 가지 철학적 충돌 지점을 나름대로 절충한다. 그는 관념적 유토피아나 이상향을 추구하지 않는다. 그 대신 현실 문제를 해결하는 구체적 방안, 인간이 동물과 공존할 수 있게 해 주는 책임감 등을 강조한다. 말하자면 인간-동물의 만남과 관계에 대해 실천적 태도로 접근하는 것이다.

    2019년 아프리카돼지열병의 주 전염원으로 지목돼 수많은 돼지들이 살처분되고 멧돼지들은 무차별하게 살상되었다. 인간은 이 돼지들에 대해 생각해 보고 그들의 목소리를 들어야 한다. 아프리카돼지열병으로 인해 피해를 입은 농민, 살처분 노동자뿐만 아니라 죽음을 맞은 돼지들의 입장을 헤아려야 한다. 나아가 공장식 출산에 의존해 육식을 하며 살아가는 현대 사회의 본원적 한계를 인정하되 모든 종의 피해를 최소화하는 방법을 강구해야 한다. 어떻게 하면 인간이 동물과 더 책임감 있게 관계를 맺을 수 있을지, 덜 사악하면서도 덜 인간 중심적으로 동물을 대할 수 있을지 끊임없이 숙고해야 한다. 인간은 지구에서 상호 의존적으로 얽혀 살아가는 다양한 생명체의 목소리에 귀 기울이고 책임감 있게 행동해야 한다.

뱅시안 데스프레
(Vinciane Despret, 1959~)

+ 영향 × 비판 ◇ 동료

- 관련 인물

  + 야콥 폰 윅스퀼   ◇ 이사벨 스탕게르스   + 브뤼노 라투르   ◇ 도나 해러웨이

- 분야: 철학, 동물 행동학, 사회 심리학
- 사상: 실용주의, 포스트휴머니즘, 인간-동물 관계
- 주요 활동·사건: 전시《동물과 인간》큐레이팅(2007~2008)

동물 행동학과 과학 철학을 융합한 벨기에 출신의 철학자로, 리에주대학교 철학 교수로 재직하고 있다. 대학에서는 심리학과 철학을 공부했다. 1997년「열정의 지식, 지식의 열정」이라는 논문으로 감정 이론을 분석해 박사 학위를 받았다. 인간 심리학 연구에서 동물 행동학으로 관심 영역을 확장하며 활발하게 활동하기 시작했으며 2008년 파리정치대학에서 과학인문학상을 수여하기도 했다. 이후 수많은 동물 행동학적 관찰을 통해 동물의 다양성에 대한 논의를 확장하며 동물 행동학을 성찰적으로 연구하고 있다. 다양한 사상가들과 활발히 교류하는 것으로도 잘 알려져 있다. 스탕게르스, 라투르, 해러웨이 등과 공동으로 연구하며 지적 영향을 주고받았다.

『늑대가 양과 함께 살게 될 때』(2002),『동물과 인간』(2007) 등 초기 저작에서는 자연에 대한 인간의 관념을 문제시하며 동물의 관점을 과학 철학에 도입하고자 했다. 스탕게르스와 함께 쓴『소란 떠는 여자들』(2014)에서는 여성 학자들의 이력과 지적 유산을

검토하며 부정의, 잔인함, 무지를 향해 목소리를 높여야 한다고
주장했다.『우리가 제대로 질문한다면 동물은 뭐라고 답할까?』(2016),
『양과 함께 일하기』(2016),『새와 함께 살기』(2019)에서는 동물이
인간과 적극적으로 맺는 관계를 논했다. 양은 양치기와 어떤 대화를
나누는지, 양치기는 양에게 무엇을 배우는지, 새들은 영토를 어떻게
인식하는지, 새가 노래를 통해 어떤 말을 하는지 등을 기술함으로써
사람과 동물이 공존하고 얽혀 있는 다양한 방식을 가시화하고자
했다.『죽음의 행복』(2015)에서는 살아 있는 인간들의 현존에
의해서만 규정되는 존재인 망자들과 어떻게 관계 맺을 것인지의
문제를 다뤘다. 동물과의 관계에 이어서 죽은 자와의 관계라는
문제를 탐구함으로써 철학의 영역을 더욱 확장하고 있다.

볼프강 에른스트
Wolfgang Ernst

*

디지털 미디어는 어떻게
인간의 시간성과 기억 방식을
바꾸는가?

*

정찬철

21세기 인류는 디지털 가상 공간에서 자신의 일상을 기록·열람·공유하는 새로운 인간 종으로 변모해 왔다. 오늘날 사람들은 스마트폰, 노트북, PC 등의 다양한 디지털 미디어를 매개로 사회 관계망 서비스(SNS)를 비롯한 가상 공간에서도 사회적·문화적·정치적 삶을 영위한다. 그래서 이들은 디지털 미디어를 통해 다른 사람과 소통할 수 있다는 생각을 자연스럽게 받아들인다. 그러나 미디어 이론가 볼프강 에른스트에 따르면, 이 새로운 인류는 일차적으로 디지털 미디어 그 자체와 대화하는 존재다. 손가락으로 키보드와 터치 스크린을 누르고 저장 및 전송 버튼을 클릭하는 이들의 행위는 그 자체로 디지털 미디어와의 대화이며, 이후 코딩, 전송, 디코딩을 통해 메시지를 전달받는 수신자는 인간과 디지털 미디어가 나눈 대화의 관객에 가깝다.

  여기서 더 나아가 에른스트는 급진적 미디어 결정론의 시각에서 미디어가 기록의 실제 행위자라는 주장을 펼친다. 가상 공간에 저장된 삶의 기록들은 원형 그대로가 아닌 이진법 코드로 저장된다. 문화적 관점에서 보면 기록하는 주체가 인간이지만, 기술적 차원에서는 디지털 미디어들이다. 게다가 가상 공간에 저장된 일상의 기록들은 필사와 같은 물리적 기록과 서로 다른 시간적 차원에 존재한다. 물리적 실체가 있는 기록은 오래되어 사라질 수 있다는 점에서 거시적 시간성(macro-temporality)을 따르지만, 물리적 실체가 없는 디지털 기록은 사용자의 요구에 의해 문자나 이미지의 형태로 변환돼 일시적 의미를 전달할 뿐이다. 따라서 디지털 기록은 미시적 시간성(micro-temporality)을 따르며 자연적 시간을 거스른다. 다시 말해, 가상의 기록은 언제나 같은 위치에 존재하는 법이 없다. 그 대신 사용자의 요구에 따라 언제 어디서든 새롭게 생성되며 다시 0과 1의 무수한 조합으로 사라지기를 반복한다. 21세기 인류의 일상은 점점 디지털의 시간성을 따르고 있다.

미디어의 시간성은 인간의 시간성과 어떻게 다른가

에른스트는 지난 20여 년 동안 미디어 고고학이 학제 간 연구로 발전하는 데 있어 중추적 역할을 했다. 미디어 고고학은 미디어의 역사를 서술하는 전통적 방식, 즉 선형적이고 진화론적인 서사에서 벗어나 대안적인 시간적 도식으로 미디어의 역사를 재구성하려는 학문적 기획으로 등장했다. 미디어의 역사를 회귀적 시간, 즉 등장과 소멸과 재등장이라는 틀로 설명하고자 망각되고 배제된 미디어를 발굴해 역사에 기록하고, 미디어의 물질성이 새로운 시대, 지식, 체계 등의 형성에 얼마나 결정적인 행위자인지를 보여 주고자 한 것이다.

에른스트는 미디어 고고학의 지향을 따르면서도 미디어의 주체성을 더욱 부각하고자 했다. 그래서 그는 무엇보다도 인간의 역사에 포섭되지 않는 미디어 자체의 존재 방식에 대해 물음을 던졌다. 그는 사진, 축음기, 전화기, 라디오, 텔레비전, 비디오, 컴퓨터 등 신호 기반 미디어를 '시간 결정적 미디어(time-critical media)'라 지칭하고, 이들 미디어가 말과 문자 등 기호로 의미를 만들어 내는 인간과 달리 어떻게 다른 신호 체계로 정보를 저장·처리·전달하고 고유한 시간성을 지니는지를 파헤쳤다.

에른스트는 과거 나치가 이념 선전을 위해 보급한 '국민 라디오'를 예시로 든다. 독일의 문화사를 보여 주는 유물로서 박물관에 전시될 경우, 국민 라디오는 과거의 특정한 역사적 시기에 붙박여 있다. 하지만 이 기술 미디어가 여전히 작동 가능하다면 상황은 달라진다. 제2차 세계 대전 당시에 제작된 라디오에 전원을 연결할 수 있다면, 오늘날 사람들은 히틀러의 목소리가 아니라 현재의 주파수를 통해 전달되는 소리를 듣는다. 이런 의미에서 국민 라디오는 역사적 유물이 아니다. 제2차 세계 대전은 오래전에 끝났지만, 주파수 방식의 라디오 방송은 여전히 지속되고 있기 때문이다. 기술적 차원에서 라디오의 소리 전달 및 전송 방식은 여전히 연속적 역사를 이루고 있다. 이렇듯 라디오와 같은 신호 기반의 미디어는 기록된 시간 또는 제작된 시간에 고착돼 있지 않고, 역사의 법칙을 거스르며 언제나 현재라는 시간성을 표출한다.

이런 이유에서 에른스트는 기술 미디어가 인간과 단절된 독자적 역사를 구성한다고 말한다. 아날로그 라디오는 아무리 과거의 것일지라도 모든 라디오 방송이 디지털 송신과 수신 시스템으로 개편되기 전까지는 현재의 주파수 신호로 소리 정보를 만들며 현재라는 시간 안에 존재한다. 녹음된 음악과 실시간 생방송은 문화사적으로 서로 다른 시대에 속하지만, 라디오 신호를 통하면 둘 다 동시대의 소리가 된다. 그래서 미디어 문화사와 달리 기술 미디어에서는 역사적 과거라는 시간적 개념이 드러나지 않는다. 라디오 신호가 선사하는 신비한 현재성은 오늘날 누군가의 사진이나 동영상을 볼 때에도 고스란히 나타난다.

    에른스트에 따르면, 시간 결정적 미디어는 고유한 방식으로 시간을 나누고 기록하고 조작하며 각자의 시간성을 생산한다. 따라서 지구상에는 인간의 시간만이 아닌 미디어만의 시간으로도 가득하다. 일례로 기계적 저장 미디어인 사진, 축음기, 영화는 간헐적·순간적·반복적이라는 불연속적이고 단절적인 시간성을 문명에 선사했다. 반면에 전자 미디어인 라디오, 텔레비전, 비디오 등은 기계적 저장 미디어보다 더 짧은 시간 간격으로 신호를 처리한다는 점에서 인간의 지각 범위를 초월한다. 이는 인간 문명에게 '실시간'이라는 새롭고도 비인간적인 시간성을 선사했다. 나아가 가장 짧은 시간 간격으로 작동하는 디지털 미디어는 미디어 역사에 혁신적 단절, 즉 간격 기반의 시간에서 계산 기반의 시간으로 대전환을 이뤄 냈다. 디지털은 사용자 중심의 실시간 양방향 소통이라는 시간성을 제시함으로써 현실과 가상 공간 사이의 공유와 교류를 가능하게 했다.

디지털 미디어는 어떻게 새로운 기억 방식을 낳는가

비인간적 시간성과 인간 문명의 충돌은 미디어 문화사에서 줄곧 다뤄 온 주제지만, 에른스트가 제시한 논의에서 새롭게 두드러지는 점은 각 미디어의 고유한 정보 처리 방식이 문명의 기억 문화에 드러나는 특징을 결정한다는 점이다. 키틀러가 기술 미디어를 통해 역사 단위의 변화를 설명하려 한 데 반해, 에른스트는 더 나아가 미디어가 고유한 신호 체계로 정보를 저장하고 전송하는 과정 자체가 역사를 이끈다고 주장한다.

에른스트는 특히 공유와 참여와 댓글로 대변되는 디지털 시대 인간의 기억 문화에 어떠한 특징이 나타나는지 묻는다. 21세기는 디지털 미디어의 미시적 시간성이 낳은 시대다. 과거의 물질적 기록은 안정적 실체로서 존재하는 문화적 기억인 데 반해, 디지털 미디어로 기록하고 저장하는 텍스트와 영상은 새로운 형태의 문화적 기억 방식이다. 디지털 자료는 스트리밍, 인코딩, 디코딩과 같은 방식을 따르므로 언제나 똑같은 형태로 존재하지 않는다. 또한 사용자의 요구에 따라 코드에서 기호로 늘 새롭게 생성되며, 단순한 열람을 넘어서 사용자의 참여로 지속적으로 업데이트된다. 디지털 저장 장치는 종이 문서와 달리 끊임없이 움직이고, 업데이트되고, 연결되고, 재구성된다. 이는 인류가 삶을 기록하고 보관하는 아카이브의 토대, 즉 기억 문화가 고착된 물리적 공간에서 유동하는 가상 공간으로 이동했음을 의미한다. 그러므로 21세기 인류의 진화는 생물학적이라기보다 0과 1이라는 비인간적 DNA에 의한 결과라 할 수 있다.

"미디어 이론은 하드웨어의 작동을 테스트할 때 비로소 실천된다." 에른스트는 다른 미디어 고고학자들처럼 올드 미디어를 수집하는 방법론을 사용하기도 하지만, 미디어를 분해하고 미디어만이 이해하는 코드와 알고리듬을 분석해 미디어의 작동 원리를 파악해야 한다고 강조한다. 에른스트가 기술적 원리를 파악하는 데 이토록 몰두하는 이유는 특정한 기술 미디어와 문화가 얼마나 오래 유지되고 얼마나 빠르게 확산되는지를 알 수 있기 때문이다. 그래서 그는 오로지 미디어에 의한, 미디어를 위한, 미디어의 역사를 기술하고자 한다.

볼프강 에른스트
(Wolfgang Ernst, 1959~)

 ＋ 영향　✕ 비판　◇ 동료

- 관련 인물

＋	＋	◇
프리드리히 키틀러	미셸 푸코	지크프리트 칠린스키

- 분야: 청각 미디어 이론, 아카이브 이론, 박물관학, 미디어 물질성
- 사상: 미디어 고고학
- 주요 활동·사건: 미디어 고고학 아카이브 설립(2003)

훔볼트대학교 미디어학 교수다. 쾰른대학교, 런던대학교, 보훔루르대학교에서 그리스·로마 고전학, 고고학, 역사학을 공부했다. 1989년 역사주의와 박물관학에 관한 논문으로 박사 학위를 받았으며, 2001년 역사를 기억하고 회상하는 기술 및 기표 체계에 대한 논문으로 교수 자격을 취득했다. 1990년대 중후반 키틀러의 영향을 받아 미디어 연구로 학문적 방향을 선회했다. 그때까지 주로 탐구해 오던 아카이브를 미디어 고고학의 연구 영역으로 만드는 데 많은 업적을 남겼다.

　　미디어는 기호(signs)가 아닌 신호(signals)를 처리하며 인간은 이를 지각할 수 없다는 고유의 미디어 중심적 테제를 강조한다. 미디어 내부를 구성하는 기술의 원리와 물질성, 다양한 신호 처리 방식이 기억 문화의 변화와 역사의 전개에 어떠한 영향을 미쳤는지를 파헤쳐 인간의 과거를 재구성해야 한다고 주장한다. 이 독특한 미디어 지향적 관점을 컴퓨터, 라디오, 마그네틱 녹음기 등 인간의

삶을 기록·전송·저장하는 아카이브 장치의 분석을 통해 펼쳐 보인다. 푸코가 아카이브를 문화사 자료의 보관소만이 아닌 인간의 사유, 행동, 표현의 방식을 통제하는 담론의 장치로 규정했던 것의 후속 작업으로서 미디어가 인간을 통제하는 실질적 아카이브임을 밝힌다.

    문화사를 기반으로 미디어의 내용을 분석하는 전통적 미디어 연구를 거부하며 실제 미디어가 어떻게 인간과 다양하게 연결되어 인간의 상호 작용에서 중대한 기능을 수행하는지를 보여 준다. 미디어의 물질성에 대한 미디어 고고학적 탐구를 통해 오늘날 디지털 문화의 기원을 탐구하고, 기술과 문화를 하나의 연합체로 바라보는 인식론적 전환을 구축하는 데 일조했다. 또한 오늘날 디지털 문화의 형성에 디지털 미디어가 미친 영향을 살펴보는 노아 워드립프루인의 소프트웨어 연구, 닉 몽포르와 이안 보고스트의 플랫폼 연구에 많은 영향을 미쳤다. 대표 저작으로 『미디엄 푸코』(2000), 『동요하는 아카이브』(2002), 『디지털 기억과 아카이브』(2012), 『시간시학』(2013), 『음향 시간 기계』(2016) 등이 있다.

스테이시 앨러이모
Stacy Alaimo

*

물질의 행위는 몸에
우발적 영향을 끼치는가?

*

김종갑

20세기 후반 서구 담론계에서는 '몸적 전환(bodily turn)'이라는 표현이 등장할 정도로 몸이라는 주제가 집중 조명을 받았다. 조형적 몸, 액체 몸, 말랑말랑한 몸, 수행적 몸과 같은 용어가 등장했고, 몸이 사회적으로 구성된다는 지적이 잇따랐다. 그러나 이 논의에는 몸의 물질성에 대한 고려가 빠져 있다는 비판이 이내 제기되었다. 몸은 그 자체로 하나의 물질이며 이 사실을 간과한 채 몸을 논하는 것은 어불성설이라는 지적이었다. 이에 따라 담론계에서는 물질로서의 몸에 주목해야 한다는 공감대가 형성되었다.

물질을 해명하려는 노력은 신유물론을 비롯한 새로운 이론의 출현으로 이어졌다. 스테이시 앨러이모는 신유물론을 대표하는 페미니스트 학자로, 그의 물질관은 휴머니즘적 전통과 상반된 지점에 있다. 휴머니스트들은 인간을 유일한 지적·이성적 존재로 간주한다. 인간은 다른 동식물과 달리 자기 행동의 의미와 목적을 명확히 인식한다. 반면 자연은 물질에 지나지 않는다. 인간이 몸이라면 다른 동물은 고깃덩어리일 뿐이다. 휴머니스트들은 인간과 동물을 분리할 뿐만 아니라 남성과 여성도 구분한다. 성적 행위에서 남성에게는 능동적 역할을, 여성에게는 수동적 역할을 강제로 부여한 것이다. 하지만 앨러이모는 이로써 여성의 몸이 남성의 성적 만족을 위한 살덩어리로 격하되었다며 휴머니즘적 전통을 맹렬하게 비판한다.

서구의 사유 전통에 따르면, 여성은 동물처럼 자연에 속박된

존재로서 추상적 사유 능력이나 자율성, 주체성 등 근대적 인간의
특성을 결여하고 있다. 기존의 페미니즘 이론은 이 오래된 편견에
맞서 싸우기 위한 전략으로 여성을 자연에서 분리해 내려 노력했다.
그 결과 생물학적·자연적 성(섹스)과 사회적 성(젠더)을 구분해서
사용하기 시작했다. 더욱 급진적인 학자들은 생물학적으로 결정된
성 자체가 존재하지 않는다고 주장했다. 그러나 앨러이모는 과거의
페미니즘 이론이 성이 사회적으로 구성된다는 점을 지나치게
강조함으로써 성의 자연적·물질적 소여를 무시하는 결과를
초래했다고 보았다. 물질 세계의 영향력과 중요성을 고려하지
않았다는 것이다. 그는 페미니즘이 생물학적 결정론의 굴레에서
벗어나려면 물질이 무엇인지 새롭게 정의하고 물질과 인간의 상호
작용을 살펴보아야 한다고 주장했다.

세상의 모든 물질은 어떻게 교차하고 상호 작용하는가

앨러이모는 서양의 인간중심주의와 남성중심주의를 해체할
도구로 '횡단신체성(transcorporeality)'이라는 개념을 제시한다.
횡단신체성에는 '신체(body)'가 아니라 '살된(corporeal)'이라는 표현을
사용하는데, 이는 개념적으로 중요한 차이다. 신체는 안과 밖의
경계, 너와 나의 경계가 분명한 개체를 가리킨다. 따라서 한 명, 두
명과 같은 방식으로 그 수를 명확히 헤아리는 일이 가능하다. 그러나
살에는 형태가 없어서 무질서하고 혼란스러운 상태에 있다. 또한

안과 밖을 나누지 않기 때문에 모든 동식물과 광물질을 개별화하지 않으며 모두가 자유롭게 넘나드는 땅처럼 존재한다. 이 점에서 횡단신체성은 휴머니즘에 대한 비판으로서 포스트휴머니즘과 같은 계보에 있다. 아리스토텔레스가 형상 없는 물질을 여성적인 것으로 규정했던 철학사적 맥락을 고려하면, 횡단신체성은 여성주의적 관점에서 사유할 여지가 더욱 큰 개념이라 할 수 있다.

앨러이모는 횡단신체성을 개념적으로만 정의하지 않는다. 그는 이 개념으로 역사적 사례를 재조명해 이전에 간과되던 물질적 진실의 정체를 밝히고자 한다. 앨러이모가 주목한 사건은 미국 역사상 최악의 산업 재난 중 하나인 호크스네스트 터널 사고다. 1930년대 웨스트버지니아주에서는 산을 가로질러 4.8킬로미터 길이의 터널을 뚫는 공사가 시행돼 인부 3000여 명이 투입되었다. 그런데 규폐증을 유발하는 위험 물질인 이산화규소 분진이 발생하는데도 건설 회사에서는 마스크를 비롯한 보호 장비를 제공하지 않았다. 그 결과 인부들은 이산화규소 분진에 장기간 노출되었고, 그중 500~1000명이 규폐증으로 사망했다.

신유물론이 등장하기 전 페미니스트와 생태 비평가들은 이 사건의 이데올로기적 측면에 주로 주목했다. 재난이 자본, 권력, 계급과 연루되며 어떻게 담론으로 구성되는지, 몸이 규폐증과 같은 특정한 병명으로 어떻게 의료화·증상화하는지 등에 초점을 맞춘 것이다. 하지만 이런 시각으로는 노동자의 몸과 자연의 물질성을 구체적으로 들여다볼 수 없다. 앨러이모는 그 대신 노동자의 몸, 화학 물질, 터널, 의료 시스템 등이 침투하며 서로를 변화시키는 물질적 상호 작용을 더욱 중시한다. 굴착 작업에 임하는 노동자의 몸에서 권력, 지식, 물질이 어떻게 교차하는지를 살펴보려 한 것이다.

가령 호크스네스트 터널 사고로 피해를 입은 한 노동자는 점차 자신의 몸을 터널의 작업 환경과 구별할 수 없게 되었음을 깨달았다. 공사 현장의 이산화규소 먼지가 그의 몸 틈새로 침입해 신체적 변형을 일으키면서 증상 부위는 바위의 기괴한 형상을 닮아 갔다. 바위라는 물질이 인간의 몸이라는 물질로 횡단하는 사건이 벌어진 것이다. 그런데 이 물질의 움직임은 눈에 보이지 않는다. 노동자는 고통을 호소하지만 건설 회사에서는 객관적 증거가 없다는 이유로 그의 고통을 일축해 버린다. 질병을 가시화하려면 그 밖에도 여러 물질이 개입해야 한다. 노동자는 병원을 방문해 엑스선 사진을 촬영한 뒤 전문의에게 해석과 진단까지 받고 나서야 비로소 자신의 경험을 질병으로 인정받을 수 있다. 이렇듯 앨러이모는 이산화규소, 엑스선, 의사의 시선 등이 유입하는 과정을 추적함으로써 석회암, 주물사(沙), 연마재와 같은 물질이 어떻게 노동자의 몸을 투과했는지를 밝혀낸다.

자연을 바라보는 시각을 어떻게 전환할 것인가

앨러이모가 묘사하는 자연은 척박한 황무지도, 아름다운 풍경도, 기괴한 절벽도 아니다. 자연은 사람이 거주하는 장소이자 몸에 치명적인 해를 가하는 불길한 힘이며 권력과 지식의 연결망과 분리될 수 없는 물질적 실체다. 마찬가지로 인간의 몸은 장소, 물질, 제도가 서로 충돌하며 상호 작용하는 물질적 실체다. 노동자의 허파로는 미세먼지만 침투하는 게 아니다. 회사 시스템, 의료 제도, 경찰, 행정 당국과 같은 네트워크도 침투해 들어온다.

횡단신체성은 다양한 물질, 제도, 담론이 몸을 가로지르는 물질적 운동을 가리키는 개념이다. 호크스네스트 터널 사고의 사례가 말해 주듯 이 물질적 운동의 행위자는 인간에 국한되지 않는다. 바위, 무기체, 생태계, 화학 물질, 엑스선 등 모든 물질에 행위 능력이 있다. 인간의 몸은 이들 물질과 만나 더 건강해지기도 하고, 질병에 걸리기도 한다. 이런 의미에서 인간의 몸은 물질 세계의 우발적·창발적 혼합물을 구성하는 요소이며, 인간이 날마다 일상적으로 접하는 음식은 대표적인 횡단신체적 물질이라고 할 수 있다.

앨러이모에 따르면, 살을 비롯한 물질에는 주체와 타자, 안과 밖, 자연과 문화, 인간과 비인간의 경계가 분명하지 않다. 주체와 타자가 서로를 넘나들며 경계를 허물고 몸이 외부를 향해 노출되어 있기 때문에 어디서부터가 인간 주체이고 어디서부터가 비인간 타자인지를 구분할 수 없다. 자연의 살이 인간의 몸이고, 인간의 살이 자연의 몸이다. 몸이 곧 자연이자 물질이다. 그래서 앨러이모는 횡단신체성이 "인간이 인간을 넘어서는 세계와 맞물리는 지점"이라고 주장한다.

앨러이모의 논의는 생태계 파괴를 비롯한 전 지구적 위기에 대처하는 생태 이론으로서 큰 의미가 있다. 그는 환경주의 운동이 논리적으로 양립하기 어려운 요구들을 만족시켜야 한다고, 즉 지역적이지만 전 지구적이고, 개인적이지만 정치적이면서 동시에 실천적이고 철학적이어야 한다고 주장했다. 앨러이모는 이를 실현하기 위해 횡단신체성이라는 독창적 개념을 제시해 물질이 몸과 환경 사이를 이동하는 양태를 보여 주었다. 그의 이론은 인류의 생산 및 소비 활동 전반에 퍼져 있는 독성 물질을 추적하고, 전 지구적으로 연결돼 있는 사회적 부정의, 느슨한 규제, 환경 피해의 실상을 폭로하는 데까지 이어진다는 점에서 시의적·실천적 가치를 지닌다.

오늘날 지구는 기후 변화, 온도 상승, 오존층 파괴, 플라스틱 오염, 해빙 등으로 몸살을 앓고 있다. 인류의 멸종이 임박했다는 불길한 뉴스도 심심치 않게 들린다. 분명한 사실은 현재 생태계가 마주한 위기가 인간의 무분별한 에너지 사용 등에 의해 초래되었다는 점이다. 자연을 이용 대상으로만 여기는 기술 문명적 세계관이 인류세의 위기를 불러온 것이다. 화석 에너지 사용을 감축하고 그린 에너지를 개발하는 등 과학 정책 차원의 실천과 노력도 물론 중요하지만, 자연을 바라보는 시각의 근본적 전환도 그에 못지않게 중요하다. 인간의 몸이 자연의 살이며 자연의 몸이 인간의 살이라는 깨달음이 없다면 이런 노력은 임시방편으로 끝나고 말 것이기 때문이다.

스테이시 앨러이모
(Stacy Alaimo, 1962~)

+ 영향　× 비판　◇ 동료

- 관련 인물

+	+	◇
캐런 버라드	로지 브라이도티	수잔 헤크먼

- 분야: 환경 인문학, 영미 문학, 과학학
- 사상: 신유물론, 물질적 페미니즘, 환경 정의
- 주요 활동·사건: 문학환경학회 환경 비평 부문 저술상 수상(2011)

신유물론적 페미니즘을 대표하는 학자로, 환경 인문학, 과학학, 동물학, 미국 문학, 문화 이론 등을 횡단하며 연구와 강의 활동을 활발히 펼치고 있다. 특히 신유물론, 물질적 페미니즘, 환경 정의, 해양 인문학을 연구하는 새로운 모델을 창안하는 데 집중하고 있다. 1985년 미국 구스타프아돌푸스대학을 수석으로 졸업하고, 1986년 위스콘신대학교 매디슨에서 영문학 석사 학위를 취득했다. 1994년 일리노이대학교 영문학과에서 박사 학위를 취득했으며 이후 4년간 같은 학교에서 영문학과 여성학을 가르쳤다. 강사 생활을 마무리한 뒤 텍사스대학교 알링턴 영문학과 교수로 자리를 옮겼으며 2010년 같은 과 석학 강의 교수로 부임했다. 2019년부터는 오레곤대학교 영문학과 석학 강의 교수로 재직하고 있다.

    2000년 첫 저서 『길들지 않은 땅』을 출간해 남성적 권력에 훈육되지 않은 날것 그대로의 자연을 생태주의적 관점에서 제시했다. 2010년에는 『말, 살, 흙』을 발표해 학문적 명성을 얻기 시작했다. 이 책에서 창안한 횡단신체성 개념은 살(물질)의 횡단하는 성질을 이론적 논의 대상으로 삼는 계기가 되었는데, 동명의 미술 전시가 2019년 독일 쾰른 루드비히미술관에서 개최되기도 했다. 『말, 살, 흙』은 생태적 연구의 새로운 지평을 열었다는 찬사와 함께 2011년 문학환경학회(ASLE) 환경 비평 부문 저술상을 수상했으며 독일어, 스페인어, 스웨덴어, 한국어 등으로 번역되었다. 2016년작 『노출』에서는 인류의 윤리와 정치가 21세기 지구 환경에 의해 급진적으로 뒤바뀌는 현실을 드러내 과학자, 활동가, 예술가, 작가, 이론가들이 함께 논의할 수 있는 토대를 제공하고자 했다. 그 밖에 신유물론적 페미니즘과 관련된 여러 기획서와 학술지를 편집했으며, 단독 저서로 『푸른 생태학의 구성』, 『저항과 쾌락』을 출간할 예정이다.

• 『말, 살, 흙: 페미니즘과 환경 정의』, 윤준·김종갑 옮김, 그린비, 2018.

브루스 브라운
Bruce Braun

*

도시는 동물 없는
인간만의 공간인가?

*

김숙진

도시는 비생물학적 공간인가?

우리는 보통 도시를 복잡한 생물학적 공간으로 바라보지 않는다. 산업 혁명 이래 서구에서 도시는 자연과 반대되는 사회적·정치적 공간으로 여겨졌다. 근대 환경주의 운동, 20세기 반(反)도시 운동에서 두드러진 이런 이분법에 따르면, 도시는 비자연적·인위적 공간이다. 시골이 토양과 초목으로 구성된 비옥한 장소로 그려지는 반면, 도시는 철강과 콘크리트로 구성된 불모의 공간으로 대비된다. 오늘날에도 지리학자와 사회 과학자들은 여전히 도시를 사회적·경제적 관점으로 다루는 반면, 생태학자들은 도시 밖의 들판과 숲을 연구한다.

    도시 공간에 대한 인식의 변환에는 다른 요인도 존재한다. 우선 20세기 도시 계획과 재개발 과정에서 도시의 생물학적·사회적 삶을 구성하는 기술적·물리적 시스템이 인간의 시야에서 제거되었다. 상하수도관을 비롯한 기반 시설이 땅 아래로 매립되면서 도시가 인간 존재의 생물학적 삶을 가능하게 하는 기술적 사물로부터 분리된 것이다. 한편 '지구제(zoning)'의 도입도 큰 영향을 끼쳤다. 지구제는 도시를 계획할 때 토지 이용 효율을 높이고 무질서한 공간 이용을 예방하고자 도입되었다. 그 결과 도시에서 식용 가축 사육장과 도축장이 추방되었고 도시 공간의 비자연화가 가속화되었다.

    이런 현상은 전염성 질병과의 전쟁에서 확실한 승리를 거둔

제2차 세계 대전 이후 더욱 심화되었다. 항생제와 백신은 인간 신체가 그것을 구성하는 체외 시스템에서 분리된 것처럼 인식하게 했다. 항생제는 인체에 침입한 다른 미생물의 성장이나 생명을 막고 백신은 외부에서 침입한 항원에 저항하는 항체를 생성한다. 이로써 인간의 신체는 주변 환경과 공간, 세균과 바이러스와 같은 물질의 영향으로부터 스스로가 자유로운 것처럼 인식하게 된다. 하지만 신체의 필수적 특성들은 여타 살아 있는 물질들의 복잡한 네트워크를 통해 형성되고 유지된다. 라투르가 지적했듯 신체는 그것의 생명력을 위해 동원되는 수많은 비인간 수행원을 통해서만 기능할 수 있는 것이다.

도시, 몸의 새로운 존재론을 향해

이런 맥락에서 지리학자 브루스 브라운은 도시 내 생물학적인 것의 중요성을 강조하며 인간 너머의 도시 지리학을 주창했다. 브라운은 특히 인수 공통 전염병이라는 문제에 주목해 인간의 몸과 도시에 대한 통념을 문제시하고 '무경계의(unbounded) 몸과 도시'라는 새로운 존재론을 제시한다. 사스, 조류 인플루엔자, 메르스 등의 인수 공통 전염병은 과학자나 의학자들조차 규명할 수 없는 변종 바이러스의 형태로 등장해 사람들을 공포에 빠뜨린다. 생명을 위협할 만큼 치명적인 데다가, 대륙을 넘어서까지 전파될 정도로 확산력이 빠르고, 치료를 위한 백신조차 존재하지 않기 때문이다.

브라운은 특히 2002~2003년에 발생한 사스 위기를 통해 인간 신체와 도시에 대한 존재론을 다시 생각했다. 인수 공통 전염병은 도시적 삶을 구성하는 중요한 요소임에도 인간이 인식하지 못하는 동물, 미생물, 항공기, 하수도 시스템, 인공호흡 장치(마스크) 등의 행위자에 주목하게 한다. 또한 사스가 중국의 편자 박쥐와 사향 고양이에서 유래했듯, 인수 공통 전염병은 특정 동물 종에서 감염되기 시작한다는 점에서 동물이 사회적 집합체 내부에 있음을 드러낸다. 애완동물을 비롯해 쥐, 새, 고양이 등의 동물은 도시에 거주하는 인간 주변을 맴돈다. 유제품, 육류, 의류, 조제약, 쓰레기, 내장 등의 형태로 도시 공간을 끊임없이 순환하기도 한다. 곤충, 바이러스, 박테리아는 인간 신체에 침투해 '인간-동물 아상블라주'를 형성하기도 한다. 이런 점에서 인간은 도시를 인식할 때 동물의 존재를 고려해야 한다. 제자리를 벗어난 야생의 잔존물로서나 정서적 측면에서 인간의 반려자로서 동물을 받아들이는 것으로는 충분하지 않다. 동물은 단순히 타자가 아니라 역동적인 생물학적 세계의 일부이기 때문이다.

한편 인수 공통 전염병은 도시에 엄격한 경계가 있다는 인식에도 이의를 제기한다. 사스의 최초 감염자인 미국인 사업가는 중국 광둥성을 방문했다가 사스에 감염되었고 베트남 하노이에서 증상이 발생했다가 치료를 위해 후송된 홍콩에서 사망했다. 이후 그와 접촉한 병원 의료진, 비행기 탑승객, 호텔 투숙객 등이 사스에 감염되었으며 이 보균자들을 통해 사스는 단 몇 주 만에 무려 37개국으로 확산되었다. 이 점에서 사스 위기는 바이러스의 확산과 감염이 진원지와의 물리적 거리와 무관하게 발생할 수 있음을 보여 준다. 달리 말하자면 근접성이란 거리가 아닌 연결의 효과다. 사스는 진원지에서 멀리 떨어진 지역, 이를테면 싱가포르나 토론토에 사는 사람들에게도 큰 위협이 되었고 이들의 사회적·정치적 삶에까지 긴밀히 연결되었다. 따라서 도시는 지역적 장소를 넘어서는 지구적 장소이자, 다중적인 공간-시간성이 있는 위상학적 공간이며, 빌딩, 자동차, 돈, 상품 외에도 모든 종류의 살아 있는 것들로 구성된 생물학적 공간이다. 이때 신체의 공간성은 전통적 좌표상의 기하학적 개념을 넘어 네트워크의 범위를 따라 펼쳐지고, 근접성은 네트워크 내 신체의 위치에 의해 측정된다.

이렇듯 사스는 가깝고 멂에 대한 상식을 전복하며, 신체가 단일한 형태가 아니라 이동하는 힘과의 관계에서 구성됨을 보여 준다. 브라운은 도시 또한 다양한 물질의 창발적 효과가 일어나는 공간으로 이해해야 한다고 주장한다. 스피노자, 니체, 들뢰즈가 발전시킨 관계적 존재론에서 신체가 다른 신체와의 관련 속에서 작동하고 형성되듯, 도시적 삶 또한 사회적인 것, 생물학적인 것, 화학적인 것, 기술적인 것, 정치적인 것이 계속해서 혼합되고 변화하는 네트워크 안에서 구성된다. 이 점에서 도시는 탈인간적 내지는 인간 너머의 공간이다. 인간은 도시를 구성하는 기술적·사회생태적 네트워크에 선행하지 않으며 이 네트워크에서 구성되는 효과로서 나타날 뿐이다. 사스 위기 또한 신체의 생명력을 구성하는 네트워크의 우연한 효과다. 광둥성의 야생 동물 시장, 홍콩의 호텔, 대륙 횡단 항로, 항공기 내부의 환경, 병원의 응급 병동, 공중 보건, 의료 신기술, 특정한 법과 규제 등이 복잡하게 얽혀 사스 위기라는 효과를 불러온 것이다.

기후 변화와 도시 회복력: 새로운 통치성 개념을 향해
브라운은 오늘날 기후 변화에 대응하는 시도를 통치성의 차원에서 분석하고자 한다. 이를 위해 그는 푸코가 지식과 기술을 다루는 방식의 한계를 지적한다. 푸코에 따르면, 근대 국민 국가는 다양한 형태의 지식-권력의 결합을 통해 인구 관리 등의 통치를 실천한다. 푸코는 인구를 영토와 관련시키기는 하지만 영토에 자명하고 객관적인 특성이 있다고 인식하는 데 그치고 만다. 하지만 브라운은 영토와 영토의 특성에 대한 지식이 역사적으로 우연히 형성되었을 뿐이라고 지적하며 19세기 후반 캐나다의 사례를 분석한다. 당시 캐나다 정부는 국가 영토를 효율적으로 이용하고자 원주민을 추방하는 데 지질학적 지식을 적극 활용했다. 그런데 브라운이 보기에 이 지식은 불변의 객관적 지식이라기보다 19세기의 역사적·문화적 실천에 의해 구성된 '지질학'이라는 담론이다.

  푸코의 통치성 개념에 대한 브라운의 비평은 기후 위기에 대한 대응으로서 나타난 새로운 형식의 통치성 분석으로 이어진다. 탄소 배출을 감소해 기후 위기를 해결하려는 국제적 노력이 난항을 맞으면서 도시는 불확실한 미래를 예측하고 다루는 가장 긴급하고도 중요한 장소로 인식되고 있다. 인류는 '행성적 도시화' 속에 살고 있기에, 도시의 사회적 조직과 물리적 디자인의 관점에서 미래를 이해해 보려는 시도가 점차 늘어나고 있는 것이다.

    브라운은 기후 변화의 위협에 대응해 회복력을 갖출 수 있는 도시를 만드는 디자인과 계획들을 통치의 관점에서 바라본다. 이런 실험들이 도시적 삶을 조정하고 정렬한다고 생각한 것이다. 몇 년 전 도요타 프리우스와 같은 자동차에 처음 도입된 연료 소비 계기판을 살펴보자. 이 새로운 기술 장치는 현재 운전자의 운전 행태로 얼마나 많은 연료가 소비되는지를 실시간으로 알려 줌으로써 운전자가 스스로 이 정보에 대응하도록 유도한다. 브라운은 연료 소비 계기판의 사례에서 운전자가 무의식에 가까운 상태로 계기판을 모니터링하고 대응함으로써 단일하고 폐쇄된 '자동차-운전자 아상블라주'를 형성한다는 점을 강조한다. 운전자는 효율적 연료 소비나 탄소 저감을 위해 스스로를 합리적으로 규율하는 게 아니다. 오히려 운전자는 자동차와 내적으로 결합해 장치의 일부가 된다. 이 장치는 공통된 합리성에 바탕을 둔 단일한 관리 시스템이 아니다. 장치는 한데 모여 있다는 점 말고는 어떤 통일성이나 필연성도 없는 다양한 지식, 실천, 제도로 구성된다.

따라서 브라운은 기후 변화에 대응해 도시의 회복력을 높이기 위한 장치를 통한 '통치'는 선진 자본주의에 관리 대책을 단편적·우연적으로 도입한 '임시적 아상블라주'라고 말한다. 기존의 통치성 연구는 통치가 먼저 존재하고 통치의 목적을 달성하기 위해 기술이 발전한다고 보지만, 브라운은 일상생활에 경제와 관리를 도입하는 유력한 장소로서 기술이 먼저 나타난다고 지적한다. 우리는 인간 너머의 공간으로서의 도시, 즉 기술적·사회생태적 네트워크로서의 도시를 바로 이 지점에서 마주하게 된다. 도시는 기후 변화에 직면해 탄소를 많이 배출한다는 약점을 드러내는 주체이지만 동시에 글로벌 시스템과 밀접히 연결되는 장소로 변혁의 주체이자 통치의 대상이기도 하다. 연료 소비 계기판의 사례에서처럼 도시적 삶이 새로운 기술적 관리 양식에 종속되고, 이러한 기술적 장치를 통해 연료 소비 효율성이 도입되면서 기술적 대상 자체가 개입의 장소가 된다. 우리가 의식하건 못하건 도시적 삶은 바로 이 지점에서 탄소와 관련되고, 탄소가 글로벌 시스템에 미치는 영향력 또한 조절되고 관리된다.

브루스 브라운
(Bruce Braun, 1964~)

+ 영향 × 비판 ◇ 동료

• 관련 인물

+	+	+	✳	◇
질 들뢰즈	브루노 라투르	조르조 아감벤	미셸 푸코	세라 와트모어

- 분야: 지리학, 자연과 사회, 환경 정치
- 사상: 인간 너머의 지리학, 포스트휴머니즘, 생명 정치, 그린 어바니즘
- 주요 활동·사건: 자연과 사회 존재론의 이론화, 자연의 정치와 후기 식민주의의 관련성 탐구, 인류세의 맥락에서 푸코·아감벤 재해석

1990년대 이후 지리학계에서 부흥한 '자연과 사회' 연구를 주도했다. 들뢰즈, 푸코, 라투르 등에 영향을 받아 지리 존재론, 포스트휴머니즘, 신유물론 계열의 지리 철학을 연구했고, 생명 정치, 도시, 인류세 등을 폭넓게 탐구하고 있다. 1996년 캐나다 브리티시컬럼비아대학교 지리학과에서「자연의 물질성」이라는 논문으로 박사 학위를 받았다. 1999년부터 미국 미네소타대학교 지리학과 교수로 재직하고 있다.

포스트휴먼 도시성을 연구해 도시를 인간 너머의 아상블라주로서 개념화하고 과학, 민주주의, 도시 정치 사이의 관계를 탐구한다. 박사 논문을 단행본으로 펴낸『온대 다우림』(2002)에서는 후기 구조주의 이론에 기반해 19세기 캐나다의 산림 정책 이면에 있는 식민주의적 사고, 토지를 되찾고자 한 원주민들의 투쟁, 현대의 합리적 산림 관리 정책, 원시 자연에 대한 인식, 생태 관광 등을 분석했다.『정치적인 것의 중요성』(2010)에서는

정치에 대한 유물론적 이론을 발전시키고자 했다.

　　공편서 『현실 다시 만들기』(1998), 『사회적 자연』(2001)에서는 자연과 사회 연구의 주요 흐름인 마르크스주의적 논의와 행위자-연결망 이론 등의 후기 구조주의적 논의를 한데 모아 큰 반향을 일으켰다. 『정치적인 것의 중요성』(2010)은 2006년 옥스퍼드대학교에서 열린 워크샵의 내용을 묶은 책으로, 정치에 대한 유물론적 이론을 발전시키려는 시도로 볼 수 있다. 최근에는 인류세와 관련해 생물 안보, 도시 회복력을 연구하면서 푸코와 조르조 아감벤을 재해석하고 있다.

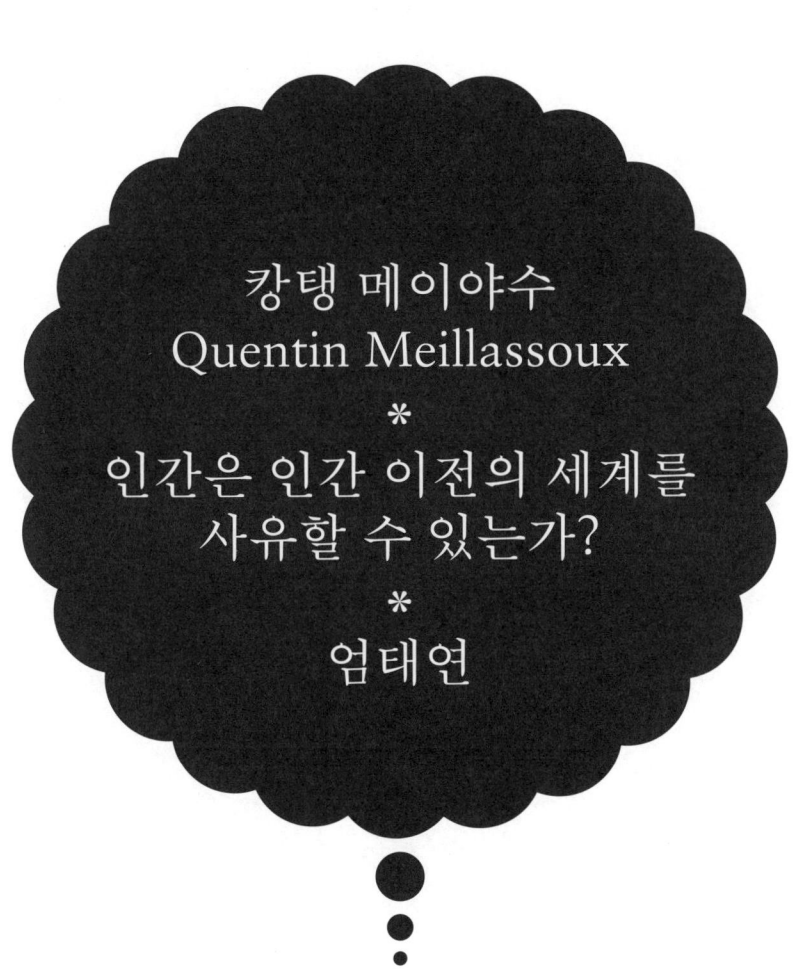

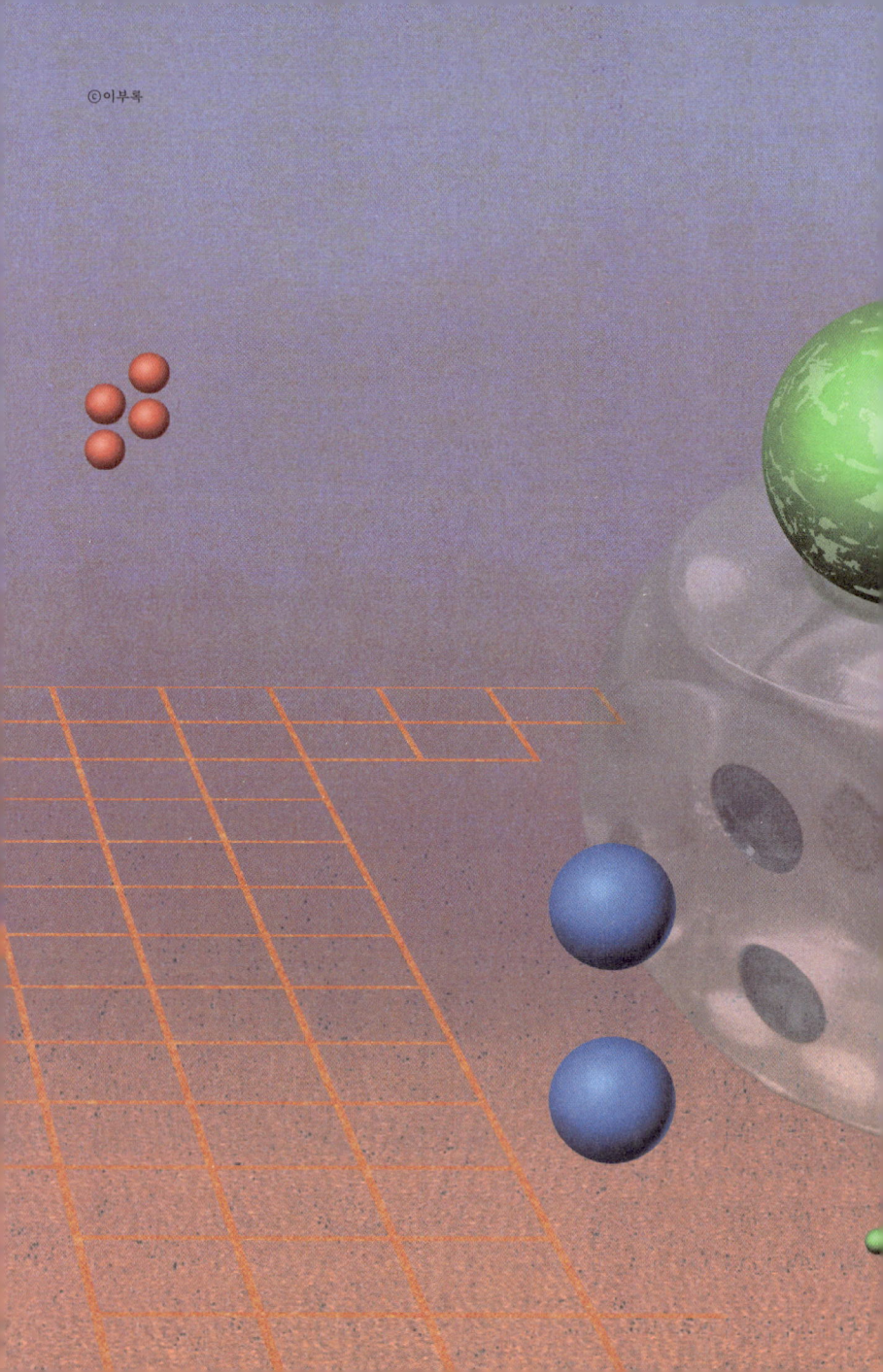

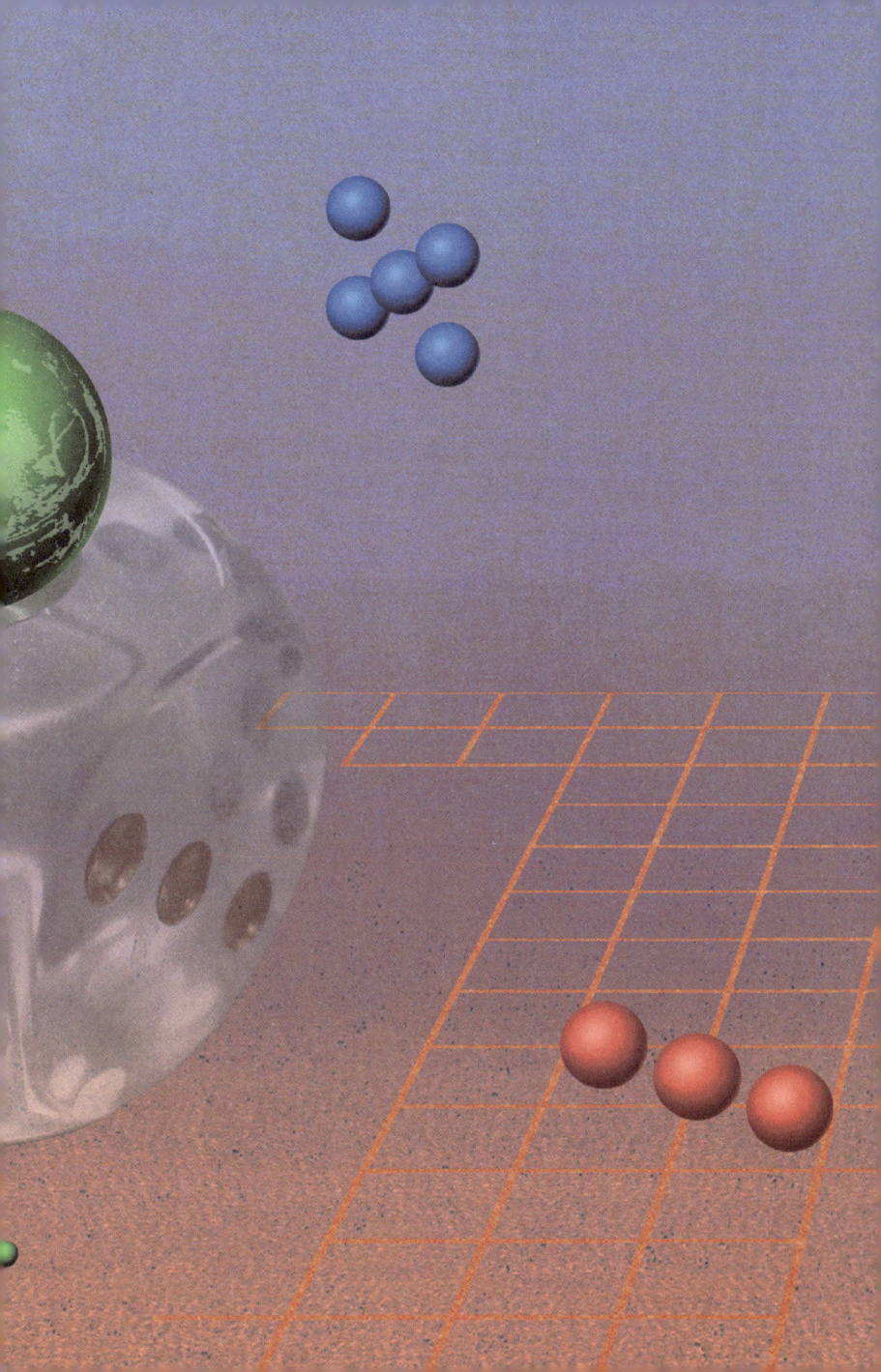

철학의 코페르니쿠스 혁명을 위하여

약 140억 년 전, 어떤 점에 응축되어 있던 엄청난 에너지가 대폭발을 일으켰다. 대폭발 직후 우주와 우주 내의 모든 물질, 공간과 시간이 생겨났다. 빅뱅 이론이 말하는 우주의 탄생 순간이다. 오늘날 과학은 인류가 지구상에 출현하기 전에 발생한 사건들에 대해 진술할 수 있다. 그렇다면 철학은 이 과학적 진술의 의미를 어떻게 이해해야 할까? 인간이 부재하는 세계에서 벌어진 사건을 인간이 사유한다는 것이 정녕 가능한 일일까?

18세기 철학자 칸트는 자신의 철학을 '철학의 코페르니쿠스 혁명'이라고 불렀다. 코페르니쿠스가 천동설을 지동설로 대체했듯, 칸트는 의식이 세계에서 비롯한 것이 아니라 세계가 의식과 관계할 때에만 경험될 수 있음을 보여 주었다. 세계는 이성의 구조를 통과할 때에만 경험 가능한 현상이 된다. 따라서 인간이 경험할 수 있는 조건을 넘어 실재 자체에 직접 도달하려는 모든 시도는 경험의 한계를 망각한 이성의 월권일 뿐이다.

칸트 이후 철학자들은 칸트의 이성을 대신해 정신, 언어, 사회, 문화 등 다양한 틀을 제시한다. 그러나 그들은 여전히 경험을 구조화하는 선행적 틀을 제시하고 있다는 점에서 칸트 혁명의 자장 아래 있다. 비판적 합리성은 전통 철학이 추구하던 보편적 진리가 사회적·시대적·인간적 편견에 불과했다는 사실을 폭로하며, 인간과 실재 사이에 좁힐 수 없는 거리를 인정하는 겸손한 태도를 취한다.

인간은 인간 이전의 세계를 사유할 수 있는가?

철학자 캉탱 메이야수는 칸트 이후 철학의 '상관주의적' 경향에 이의를 제기하고 의식 바깥의 절대적 실재를 구출하려 한다. 상관주의는 의식 자체와 세계 자체에 대해 진술하는 일은 불가능하며 우리는 오직 의식과 세계의 상관관계에만 접근할 수 있다고 주장한다. 칸트의 철학이 세계와 의식의 밀접한 관련을 보여주었다면, 현대 철학의 극단화된 칸트주의는 한 걸음 더 나아가 의식 밖 세계에 대한 모든 질문을 부적절한 물음으로 기각한다.

예컨대 어떤 인간도, 의식도, 생명도 존재하지 않았던 약 140억 년 전의 빅뱅에 대해 인간이 어떻게 말할 수 있겠는가? 인간 이전의 세계를 사유한다 하더라도 그 사유의 주체가 인간인 이상 그것은 인간적 세계에 대한 사유에 그치는 것이 아닐까? 상관주의자는 우주의 탄생에 대한 과학의 연구 성과를 부정하지 않으나, 그 사건이 오직 과학자라는 인간을 경유할 때에만 의미가 있다고 주장한다. 140억 년 전의 '사건 자체'에 대한 질문은 무의미하고 잘못 제기된 물음일 것이다. 인간이 존재하지 않는다면 세계 또한 무의미할 것이기 때문이다.

메이야수가 보기에 칸트의 혁명은 코페르니쿠스 혁명이라기보다 천동설의 옹호자인 프톨레마이오스의 입장을 되살리려는 '반(反)혁명'에 가깝다. 칸트는 우주의 중심이라는 독단적 위치를 인간에게서 박탈하기는커녕 세계를 인간에 의해 구성된 것으로 끌어내린다. 이렇게 절대적 세계를 상실함에 따라 현대 철학의 상관주의적 경향은 모든 사유를 개인적 신념이나 합의로 환원하는 과도한 상대주의를 낳는다. 상관주의는 보편적 가치를 비판하고 가치의 문제를 각자에게 되돌려 주려고 한다. 이 신중한 태도는 절대적 신에 대한 증명을 포기한 채 신자들 각자의 신앙심에서 신의 의미를 찾으려는 신앙주의와 유사하다. 모든 사유가 세계에 대한 하나의 편견에 불과하다면, 그런데도(혹은 그렇기 때문에) 모든 사유에 나름의 의미가 있다면, 특정한 사유를 그릇되었다고 비판할 수 있겠는가? 메이야수는 현대 철학이 상관주의를 통해 온갖 종류의 비합리성을 승인하는 상대주의적 신앙의 도피처가 되어 버렸다고 진단한다.

    메이야수는 현대의 신앙주의에서 탈출하고자 철학에 절대적 실재의 문제를 재도입한다. 절대(absolu)란 우리와의 모든 관계로부터 풀려난 것(ab-solu), 즉 인간의 사유와 무관하게 존재하는 것이다. 인간의 사유 밖에서 절대적 실재를 되찾으려는 메이야수의 작업은 아직 온전히 이루어지지 못한 '철학의 코페르니쿠스 혁명'을 완수하려는 시도이다. 이는 칸트의 반혁명에 대항해 인식론에 종속돼 있던 존재론의 문제를 철학적 논쟁의 중심부로 복귀시키려는 시도이기도 하다.

존재의 근본적 우연성

절대적 실재를 어떻게 이야기해야 할까? 메이야수가 칸트의 혁명을 무효화하고 전통적 형이상학으로 회귀하는 것은 아니다. 그는 상관주의 철학이 전통 형이상학을 타당하게 비판했다고 여긴다. 세계를 총괄하는 제1원리나 필연적 법칙으로서의 절대적 실재는 더 이상 유효하지 않다. 이것들은 세계에 대한 인간적 관점을 세계 자체인 양 절대화하는 것에 불과하기 때문이다.

그러나 절대적 실재가 반드시 어떤 원리나 법칙으로 이해될 필요는 없다. 형이상학적 절대를 비판한다고 해서 상관주의처럼 절대 자체를 모조리 배제해야 하는 것은 아니다. 메이야수가 보기에 상관주의는 형이상학과 동일한 절대 개념을 전제하고, 절대를 인간의 유한한 인식이 닿을 수 없는 곳으로 옮겨 놓을 뿐이다. 형이상학이 찾으려던 존재 이유의 문제는 극복되지 않은 채 영원히 미뤄진다. 세계의 존재 이유는 영원히 발견할 수 없는 것으로 신비화되고 만다. 현대의 신앙주의는 존재의 근본적 이유에 도달하기가 불가능하다고 선언하면서도 존재의 심오한 이유를 끊임없이 욕망할 때 생겨난다.

형이상학처럼 존재 이유의 문제에 그럴듯한 답을 제시해서도, 상관주의처럼 답을 영원히 유보해서도 안 된다. 절대적 실재의 신비화를 벗어나려면 존재 이유의 문제에 실망스러운 답이 내려질 수밖에 없음을 직시해야 한다. 메이야수가 제시하는 절대적 실재는 어떤 절대적 원리, 근거, 존재 이유가 아니라 존재의 근본적 우연성, 즉 이유의 부재를 뜻한다. 상관주의가 이유(raison)의 부재에서 존재 이유에 접근하려는 이성(raison)의 한계를 발견했다면, 메이야수는 이유의 부재를 이성의 무지와 무능력으로 보지 않는다. 이유의 부재란 이유율(principe de raison, 모든 일에는 이유가 있다)에서 벗어난 이성이 존재의 절대적 비이유율(principe d'irraison)을 포착하는 적극적 앎의 지점이다. 메이야수가 보기에 세계의 근본적 이유를 발견할 수 없는 이유는 분명하다. 애초에 존재에는 아무런 이유가 없기 때문이다. 세계는 이유 없이 우연적으로 존재하며, 언제든 이유 없이 변화하거나 사라져 버릴 수 있다. 존재에 대해 유일하게 필연적인 진술은 존재가 우연적이라는 것뿐이다.

    메이야수는 존재의 절대적 우연성이 오직 수학을 통해 사유될 수 있다는 점을 강조한다. 필연적 질서에 천착했던 고전 수학과 달리, 현대 수학은 모든 집합의 집합이 존재하지 않음을 증명함으로써 세계의 근본적 비이유율을 드러냈고 여러 무한들 사이의 구분을 가능케 함으로써 유한성 바깥을 사유할 수 있음을 보여 주었다. 이런 이유로 메이야수의 철학은 '수리 형이상학'이라고도 불리는데, 그는 더 나아가 순수하게 형식적인 수학의 기호들이야말로 세계의 무의미를 전면에 드러내고 우연적 절대에 가닿을 수 있다는 점을 논증하려 한다. 우주의 탄생, 지구의 형성과 같은 사건들은 항성 발광이나 방사성 동위 원소 등의 증거를 통해 수학화할 때에만 인간적 세계 바깥을 향하는 가설이 된다. 인간과 무관한 실재를 포착하는 수학의 역량은 우리를 '거대한 바깥'으로 되돌려 보낸다. 여기서 아무런 이유도 없이 존재하는 세계, 언제나 다르게 변화할 가능성을 유지하는 세계를 사유할 때 비로소 철학의 코페르니쿠스 혁명이 가능할 것이다.

사변적 윤리학을 향하여

인간적 세계 바깥에서 존재의 근본적 우연성을 발견하는 작업은 인간에게 어떤 의미가 있는가? 메이야수는 우연적 세계를 다루는 자신의 존재론이 어떤 윤리학적 지향과 합쳐져야 한다는 점을 꾸준히 강조한다. 최근 그는 자신의 박사 논문 「신적 비실존」(1997)의 주제를 『유한성 이후』(2006)에서 전개한 존재론적 전망과 조화시키고 있다. 메이야수의 우연적 세계에는 질서와 정의를 보장하는 신이 존재하지 않지만, 이 부재 역시 우연적 사실에 불과하다. 미래의 가능성을 일거에 한정하는 신도, 신적 정의의 필연적 부재도 없는 세계에서, 신의 우연적 부재란 절망의 필연성이 아니라 희망의 가능성이다. 이는 우연적 세계의 무의미함이 세계를 제멋대로 사고하는 일을 허용한다는 의미가 아니다. 세계의 무의미함과 우연성을 허용하는 절대적 조건들은 희망할 수 있는 미래의 양태들을 명확히 한정하고 선별한다. 메이야수는 『유한성 이후』에서 발견한 존재론적 우연성의 문제를 실마리로 삼아, 그 자체로 다르게 존재할 수 있는 세계에서 어떻게 다른 미래를 희망할 수 있을지를 논한다.

캉탱 메이야수
(Quentin Meillassoux, 1967~)

+ 영향 × 비판 ◇ 동료

- 관련 인물

+	◇	×
알랭 바디우	그레이엄 하먼	이마누엘 칸트

- 분야: 철학, 실재론, 유물론
- 사상: 사변적 실재론·유물론
- 주요 활동·사건: 사변적 실재론 운동, 2세기 넘게 이어진 칸트주의 비판

포스트구조주의 이후 가장 주목받는 프랑스 철학자로, 칸트 이후 두 세기 넘게 이어진 주류 유럽 철학에 반기를 들었다. 첫 저서 『유한성 이후』로 지성계 전반의 주목을 받았고, 영미권의 젊은 사상가들에게 특히 큰 영향을 끼쳤다. 이를 계기로 '사변적 실재론'이라는 신진 철학 운동의 중심인물로 부상했으며, 과거 데리다가 미국 지성계에 등장했던 상황에 비견되기도 했다.

1967년 파리에서 마르크스주의 인류학자 클로드 메이야수의 아들로 태어나 일찍이 철학을 접했다. 고등사범학교 재학 시절 게오르크 헤겔의 『정신 현상학』을 읽고 자신만의 철학을 세우는 데 본격 착수했다. 1991년 교수 자격시험을 준비하며 알랭 바디우의 『존재와 사건』을 읽고 당시 구상하던 근본적 우연성 개념에 수학적 토양을 접목하는 아이디어를 얻었다.

1997년 헤겔 연구의 권위자 베르나르 부르주아의 지도 아래 박사 학위를 취득했다. 이후 바디우, 이브 뒤루와 함께

국제현대프랑스철학연구센터의 창립에 참여했다. 현재는 파리 팡테옹소르본대학교 교수로 재직하고 있다.

2006년 첫 책 『유한성 이후』로 큰 주목을 받았다. 이 책에서는 인간과 세계의 상관관계만을 고찰의 대상으로 삼는 칸트 이후의 비판 철학을 '상관주의'라고 규정하고 비판했다. 또한 어떤 의식에도 주어지지 않는 '선조성'이라는 개념과 존재의 필연적 우연성이라는 문제를 고찰했다. 이듬해 하먼 등과 함께 '사변적 실재론' 콘퍼런스를 개최해 철학이 절대적 실재를 새롭게 발굴해야 한다고 선언했다.

그 후 『형이상학과 과학 밖 소설』에서 아이작 아시모프의 과학 소설을 예시로 삼아 과학 소설과 '과학 밖 소설'의 차이를 지적했고, 인과적 과학 법칙의 안정성이 무너진 세계를 어떻게 그려낼지 모색했다. 2011년작 『수와 세이렌』에서는 스테판 말라르메의 시 「주사위 던지기」에 등장하는 수적 유희와 우연의 의미에 관한 질문을 던졌다.

- 『유한성 이후: 우연성의 필연성에 관한 시론』, 정지은 옮김, 비, 2010.
- 『형이상학과 과학 밖 소설』, 엄태연 옮김, 이학사, 2017.

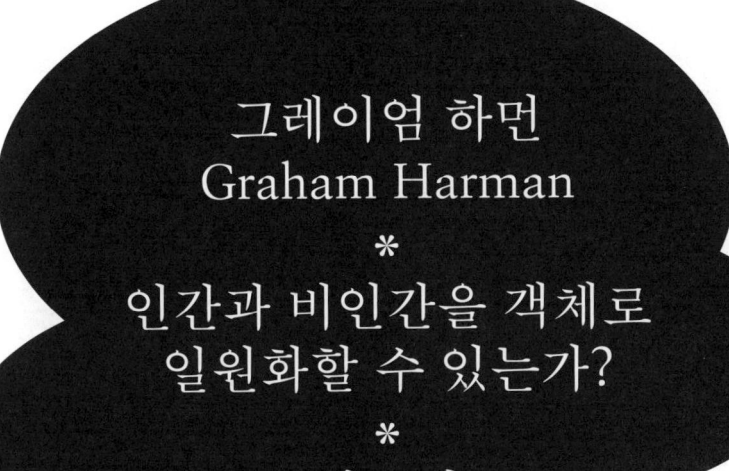

객체 지향 존재론: 모든 것은 객체다

최근 우리 사회는 4차 산업 혁명이라는 화두에 푹 빠져 있는 듯하다. 많은 전문가들은 4차 산업 혁명의 실체를 부정하거나 '기술 결정론'이라는 용어를 사용해 해당 개념을 비판하기도 한다. 그러나 정보 통신 기술은 하루가 다르게 발전하고 있으며 이와 결합된 생산 및 소비의 변화가 어떤 형태로든 일어나리라는 점을 부정하기는 쉽지 않아 보인다. 이와 같은 변화에는 수많은 비인간 존재가 새로운 관계망을 형성하며 인간이 거주하는 세계 안으로 들어온다는 특징이 있다. 알파고, 자율 주행 자동차, 생활 밀착형 인공 지능, 가상 현실과 증강 현실을 활용한 복합 현실 기기 등의 사례는 21세기 초입에 인간이 경험하고 있는 다양한 기술과학적 변화를 한눈에 보여 준다.

이런 시대상 속에서 많은 사상가들은 인간이 더 이상 독립적 주체로서 객체와 유리된 채 존재할 수 없음을 지적한다. 인간이 수많은 사물들과 존재론적으로 뒤얽힌다는 점에서 '유사 객체' 또는 '유사 주체'가 될 것이다. 철학자 그레이엄 하먼 또한 이들 사상가 중 하나로, 자신의 사상에 '객체 지향 존재론(object-oriented ontology, OOO)'이라는 이름을 붙이고 기술과학과 인간 사회의 상호 작용에 대한 새로운 사유 지점을 제시한다.

하먼의 객체 지향 존재론은 라투르, 칼롱, 존 로 등이 발전시킨 행위자-연결망 이론(ANT)과 많은 부분에서, 특히 데카르트 이후 자연과 사회를 구분하는 근대적 이분법에 반대한다는 점에서 유사하다. ANT에서는 인간과 비인간, 주체와 객체가 네트워킹을 통해 더 많은 하이브리드를 생산한다고 본다. 기술과학이 발전하고 새로운 하이브리드가 생성되면서 주체와 객체, 사회와 자연, 인간과 비인간을 구분하는 근대적 이분법의 허점이 드러난다.

하먼 또한 근대적 이분법을 무효화하려는 기본 입장을 취한다. 그러나 하먼은 한 단계 더 나아가, 사회를 주체와 연결하고 자연을 객체와 연결하는 관점 자체를 근본적으로 부정한다. 하먼에 의하면 인간이라는 주체, 인간이 구성한 사회와 문화 등은 자연에 존재하는 수많은 객체들과 다르지 않다. 인간만이 주체는 아니며 모든 것은 객체다. 자율 주행 자동차의 센서가 인간을 바라보고 있다면, 자동차의 인공 지능은 주체처럼 작동하는 객체이며 인간은 주체가 아닌 객체가 된다. 인간을 만유의 척도로 삼아 세상을 이해하는 방식은 종차별주의처럼 윤리적 논쟁을 야기할 만한 모순적 관점을 낳을 수 있다. 개와 고양이를 가족으로 대우하는 반면 소와 돼지는 음식으로 취급하는 사람들은 다른 동물을 종에 따라 차별한다는 비판을 받을 수 있다. 인간만을 기준으로 세상을 바라본다면 인간 이외의 존재들은 소외될 수밖에 없다. 따라서 하먼은 인간과 나머지 세계를 구분하지 않고 모든 것을 객체로 일원화해 세계에서 벌어지는 문제점의 상당 부분을 해결 내지는 해소할 수 있을 것이라 생각한다.

모든 것이 평등한 객체로서 수평적으로 존재하고 세계를 객체와 객체의 관계로 재정립할 수 있다면, 세계를 새롭게 이해하는 이론과 윤리적·정치적 실천들이 생겨날 것이다. 만약 상대방이 객체이고 나도 객체라면, 나는 주체인 갑이고 상대는 객체인 을이라는 생각 때문에 일어나는 '갑질'에 대해 다시 생각해 보지 않을까? 동식물이 객체이듯 인간도 객체라면, 공장식 사육, 도살, 동물 실험을 마구잡이로 행할 때와는 다른 관행이 생겨나지 않을까? 인간이 지구와 동등한 객체로서 연결돼 있다면, 거리낌 없이 아마존 열대 우림을 벌목하고 플라스틱 병입 생수와 비닐 제품을 남용하던 때와는 다른 생활 방식이 만들어지지 않을까? 하먼을 비롯한 객체지향 존재론자들은 오늘날 세계에서 벌어지는 문제를 이런 식으로 파악하고 해결하고자 한다.

객체를 네 가지로 분류하는 방식

하먼은 객체를 실재 객체와 감각 객체로 구분한다. 아무도 없는 숲에서 나무가 쓰러졌다면 이 사태는 실재 객체다. 누군가 나무가 쓰러지는 소리를 듣거나 기록했다면 그것은 감각 객체다. 유령이나 귀신은 실재 객체가 아니지만 사회적 실체로서 문화에 존재하고 고유의 행위력도 있다는 점에서 감각 객체다. 한편 객체에는 실재 속성과 감각 속성 등 두 가지 속성이 있다. 실재 속성은 객체에 내재된 속성이고, 감각 속성은 외부에서 측정하고 감지할 수 있는 속성이다. 이를테면 블랙홀은 물리적으로 실재한다는 점에서 실재 객체다. 블랙홀은 외부로 정보를 발산하지 않는다는 점에서 실재 속성이 있지만 현재 과학 지식으로는 블랙홀에 감각 속성이 있다고 볼 수 없다. 이와 반대로 산타클로스나 염력 등의 초상 현상은 실제로 존재한다고 볼 수 없기에 실재 속성 없이 감각 속성만 있는 객체다.

두 종류의 객체는 각각 두 종류의 속성과 연계되므로 네 가지 경우의 수가 생긴다. 감각 객체의 감각 속성, 실재 객체의 감각 속성, 감각 객체의 실재 속성, 실재 객체의 실재 속성이 그것이다. 하먼은 이를 '네 겹의 객체(quadruple objects)'라고 부른다. 그는 네 겹의 객체에 각각 시간, 공간, 에이도스, 본질(에센스)의 요소를 대입한다. 첫째, 감각 객체의 감각 속성인 '시간'은 의미의 획득 과정을 뜻한다. 우리가 감각 객체를 경험하며 현상학적으로 의미를 획득하는 과정에서 매 순간 감각 속성이 변화하는데 이 과정이 곧 시간이다. 기술과 사회에 대한 통시적 연구는 감각 객체의 감각 속성을 따라 진행하는 방법론이라 할 수 있다. 둘째, 실재 객체의 감각 속성은 해당 객체의 부분임과 동시에 분리되어 있다. 부분이면서 분리되어 있는 이 상태는 연접과 이접의 문제를 발생시키며 '공간'의 문제로 환원된다. 기술과 사회에 대한 공시적 연구는 실재 객체의 감각 속성을 따라 진행하는 방법론이다. 셋째, 하먼은 감각 객체의 실재 속성을 '에이도스'라고 부른다. 에이도스는 변화하는 감각 속성

외에 감각 객체에 내재하는 불변의 속성을 의미한다. 특정한 객체가 갖는 대상 영속성(object permanence)은 이 텐션 때문에 가능해진다. 넷째, 실재 객체와 실재 속성의 텐션인 '본질'에는 직접 접근할 수 없다는 특징이 있다. 양자 세계에서 특정 입자의 운동량을 알 때의 위치(또는 특정 입자의 위치를 알 때의 운동량)처럼 이는 본질적으로 접근이 불가능하다. 이에 접근하려는 시도는 마치 유리수의 세계에서 무리수를 이해하거나 4차원 시공간에 거주하면서 5차원의 세계를 감각하려는 것과 같다.

새로운 기술과학에 대응하는 사유의 틀

객체를 세계의 근본 구조로 파악하려는 객체 지향 존재론은 객체에 대한 환원주의적 접근과 과도한 구성주의적 접근 모두를 배격한다. 우리는 어떤 기술적 대상이나 사회적 현상, 예술 작품을 이해하고자 이를 더 간단한 객체로 환원해 분석할 수 있다. 그러나 더 이상 근원으로 내려갈 수 없는 가장 단순한 객체를 가정하는 것은 잘못이며, 하먼은 이를 '언더마이닝(undermining)'의 오류라고 부른다. 이와 반대 방향의 접근 방식을 '오버마이닝(overmining)'이라고 지칭한다. 예를 들어 "텍스트 바깥에는 아무것도 없다."라는 데리다의 말은 모든 것을 텍스트로 오버마이닝하려는 시도다. 언더마이닝과 마찬가지로 오버마이닝적 관점이 모두 잘못된 것은 아니다. 그러나 스트롱 프로그램과 같이 과학 이론이 전적으로 사회적 구성물이라고 이해하는 입장은 사회라는 객체 위에 구성된 과학 이론보다 더 상위 단계의 객체를 상정할 수 없기에 오버마이닝의 오류다.

 우리가 세기의 전환점에 경험하는 기술과학의 급격한 발전은 주체와 객체의 관계에 대한 새로운 사고를 요청한다. 하먼은 자연-사회 중합체를 둘러싸고 등장한 이슈들을 새롭게 사유하는 틀을 제공한다. 그는 초끈 이론 등의 물리학에서 사용하는 용어를 차용해 객체 지향 존재론을 '새로운 만물 이론(theory of everything)'이라고 부른다. 객체 지향 존재론이 만물 이론이 될 수 있는지는 논쟁의 여지가 있지만, 적어도 새롭게 등장하는 기술과학의 이슈와 사회적·문화적 쟁점에 대한 사유의 틀을 제시한다는 측면에서 이는 의미 있는 시도라고 할 수 있다.

그레이엄 하먼
(Graham Harman, 1968~)

+ 영향 × 비판 ◇ 동료

- 관련 인물

+	✳	⊗	◇
마르틴 하이데거	브뤼노 라투르	캉탱 메이야수	마누엘 데란다

- 분야: 형이상학, 사회·정치 철학, 과학 기술학(기술 철학)
- 사상: 객체 지향 존재론, 사변적 실재론
- 주요 활동·사건: 사변적 실재론 콘퍼런스 개최(2007), 브뤼노 라투르 및 마누엘 데란다와의 논쟁(2008, 2017)

동시대 철학의 사변적 실재론 운동을 선도한 핵심 인물로, 객체의 형이상학에 관한 사유 체계인 객체 지향 존재론을 창안했다. 1968년 미국 아이오와주에서 출생해 1990년 세인트존스대학에서 철학 학사 학위를, 1991년 펜실베이니아주립대학교에서 철학자 알폰소 링기스의 지도 아래 석사 학위를 취득했다. 1999년 드폴대학교에서 하이데거 연구로 박사 학위를 취득했다. 박사 학위를 마친 뒤 이집트로 이주해 2000~2016년 카이로아메리칸대학교 철학과 교수로 재임했고, 2016년 미국으로 돌아와 서던캘리포니아건축대학교 철학 특임 교수로 있다. 2014년부터 에딘버러대학교출판부에서 펴내는 '사변적 실재론' 총서의 편집자이기도 하다.

　이상의 약력에서 볼 수 있듯 대학 내 전통적 철학 학파에 속해 있지 않다는 점이 큰 특징이다. 덕분에 전통에 구속받지 않고 독창적 사상을 자유롭게 전개하고 있으며, 전통 철학보다 과학 기술학,

기술 철학, 예술 비평 등의 분야에서 더 많이 읽히고 활용된다. 여타 사상가들에 비해 쉽고 명료하고 속도감 있는 문장을 구사하는 것으로 유명한데, 박사 재학 시절 생계를 해결하고자 온라인 스포츠 매체 기자로 일하면서 현재의 문체를 터득했다.

초기 저술로 하이데거 철학을 재해석한 『도구-존재』(2002) 등이 있다. 사변적 실재론이 구성되던 시기에 『사변적 실재론을 향하여』(2010), 『쿼드러플 오브젝트』(2011), 『소란스러운 인기몰이』(2013)를 집필했고, 객체 지향 존재론을 어느 정도 완성한 뒤에는 『비유물론』(2016), 『객체 지향 존재론』(2018), 『사변적 실재론』(2018), 『예술과 객체』(2019) 등을 썼다. 동료 연구자인 레비 브라이언트, 데란다 등과 공동으로 엮고 쓴 책들도 여러 권이며, 라투르, 메이야수 등 다른 사상가를 명쾌하게 소개한 작업으로도 유명하다.

- 『쿼드러플 오브젝트』, 주대중 옮김, 현실문화, 2019.
- 『네트워크의 군주: 브뤼노 라투르와 객체 지향 철학』, 김효진 옮김, 갈무리, 2019.
- 『비유물론: 객체와 사회 이론』, 김효진 옮김, 갈무리, 2020.

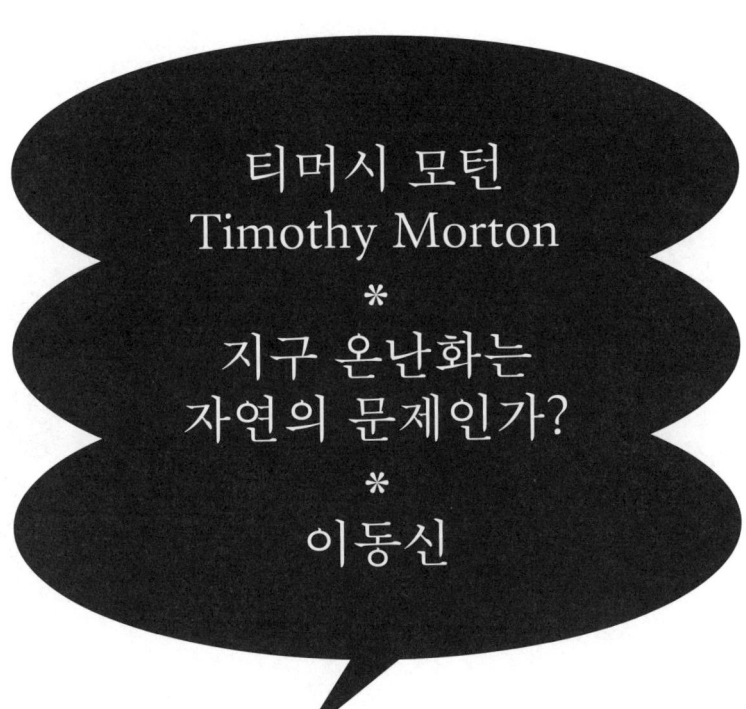

지구 온난화는 언제 등장하는가? 우리는 이상 기후에 관한 뉴스, 과학 논문, 정책 토론, 거리 시위에서 지구 온난화를 보고 듣는다. 가끔은 너무 더운 여름과 이상하리만치 온화한 겨울을 지내며 이것이 지구 온난화의 여파인지 되묻는다. 하지만 지구 온난화가 특이한 상황, 특정한 시점에만 등장한다고 생각한다면, 우리의 일상과는 동떨어져 있다고 생각하기 쉽고 자기 삶의 문제로 삼기는 더 어려워진다. 철학자 티머시 모턴의 생각은 다르다. 모턴에 따르면 자동차에 시동을 걸 때에도 지구 온난화는 등장한다. 시동을 거는 행동에는 사물, 운동, 공간, 시간 등에 관한 갖가지 판단이 담겨 있는데, 이것은 "지식의 수식화와 시공간을 평평하고 균일한 용기(container)로 보는 시각이 반영된 철학적·이데올로기적 판단"이기도 하다. 자동차에 시동을 거는 일상적 행동은 철학과 이데올로기가 특정한 방식으로 자연을 규정하며 지구 온난화의 빌미를 제공한다.

  모턴은 다분히 일상적인 존재인 지구 온난화를 일종의 '거대사물(hyperobject)'로 본다. 그는 거대사물을 "인간에 비해 광대한 시간과 공간에 펼쳐져 있는 것"이라고 간단히 정의한다. 거대사물에서 '거대(hyper-)'는 다른 어떤 것과 비교해서 압도적이라는 의미고, '사물(object)'은 무한에 가까운 사물(객체)의 가능성을 인정하는 객체 지향 존재론의 맥락에서 나온 말이다. 인간의 지식 체계로 담아내기에는 너무 크고 인간과의 관계로만 쓰임새를 정하기에는 너무 다채로운 것이 바로 거대사물이다. 따라서 거대사물을 깔끔히 이해하거나 정의하기는 불가능하다. 거대사물은 마치 외계인처럼 '낯설고 낯선 존재(strange stranger)'로 느껴질 수밖에 없다. 그러나 거대사물이 외계인처럼 멀리 떨어져 있다거나 먼 미래에야 온다는 뜻은 아니다. 단지 거대사물이 너무 거대하고 복잡해서 인간이 착각에 빠지는 것이다. 마찬가지로 지구 온난화를 먼 곳의 일, 훗날의 일로 여기는 것도 착각이다. 그 낯설고 낯선 존재는 바로 지금 우리의 일상에 끊임없이 등장하고 있기 때문이다.

거대사물의 주요 특징과 구체적 사례

인간은 거대사물을 이해할 수도 정의할 수도 없기에 이것을 '느껴야' 한다. 거대사물과 그로 인해 일어나는 일들은 감각과 감성으로 작동하는 미학적 차원에서 경험해야 한다. 모턴은 거대사물의 특징을 끈적거림, 비지역성, 시간적 파동, 페이징(phasing), 상호사물성 등으로 정리한다.

거대사물은 인간이 벗어날 수 없을 정도로 일상 곳곳에 존재한다는 점에서 인간의 삶에 끈적하게 들러붙어 있고, 가늠하기 힘든 광범위한 연결성 때문에 특정 지역에 국한할 수 없다. 또한 인간의 직선적이고 측정 가능한 시간과 달리 유동적이고 무한해 보이는 시간대에 존재하기에 있다가도 없는 것처럼 보인다. 한편 거대사물은 직접 경험하기 어렵다. "공유된 감각적 공간에 있는 다른 물체"를 통해서, 즉 인과 관계가 명확하지 않은 무언가로 경험하는 수밖에 없다. 있는 듯 없는 듯 보이기에 그 진위 여부가 논쟁의 대상이 되기도 하는데, 이런 논란이 발생하는 이유는 거대사물이 '고차원적 공간'에서 작동하기 때문이다. 그 결과 인간은 거대사물과 기묘한 인과 관계에 있는 사물들을 통해 거대사물의 존재를 극히 일부만 감지하게 된다. 이와 똑같은 특징이 지구 온난화에도 나타난다. 지구 온난화는 자동차에 시동을 거는 사소한 일상 곳곳에서 나타난다. 또한 특정한 국가나 지역의 문제로 국한할 수 없으며, 최근 인류세에 관한 여러 논의에서 암시하듯 인류 종말 너머의 시간대까지 펼쳐진다.

    태양계와 블랙홀처럼 인간과 무관하게 탄생한 거대사물도 있지만, 21세기의 세계가 인간이 만들어 낸 거대사물로 넘쳐 난다는 사실은 부인할 수 없다. 지구 온난화 외에도 인터넷이나 핵 실험이 이 점을 잘 보여 준다. 매일 지구 곳곳에서 수많은 사람들이 인터넷을 사용한다. 사람들은 자신에게 익숙한 링크 몇 개만으로도 수십 개의 또 다른 사이트로 연결되어 원하는 정보를 자유롭게 습득한다. 하지만 웹 공간의 전체 규모는 한 명의 사용자가 일상적으로 접근하는 범위를 훨씬 넘어설 만큼 광대하다. 사람들은 매일같이 인터넷을 이용하면서도 인터넷 전체의 규모, 속도, 변화를 실감하지 못한다.

사람들은 핵 실험에 관해서도 이와 비슷하게 생각하곤 한다. 아무리 가까운 국가에서 핵 실험이 벌어져도 자신과는 무관한 일이라고 대수롭지 않게 여기거나, 핵 실험을 정치적·군사적 문제로만 보고 관련 분야의 전문가들에게나 중요한 문제일 것이라고 생각한다. 하지만 최초의 핵 실험에서 발생한 물질은 여전히 사라지지 않은 채 사람들이 들이마시는 공기, 먹는 음식, 사용하는 제품 곳곳에 남아 있다. 핵 실험은 사람들의 막연한 두려움과 일상의 위안 속에 숨겨져 있지만 거대사물로서 엄연히 존재한다. 눈앞에 두고도 보거나 느끼지 못했을 뿐 오늘날의 일상은 거대사물에 둘러싸여 있는 것이다.

진정한 생태학은 자연 개념을 넘어서야

거대사물을 논하는 모턴의 작업은 그가 이전부터 지속해 온 자연 및 생태학 연구와도 관련이 깊다. 모턴은 초기작 『자연 없는 생태학』(2007)에서 생태와 환경에 깊은 관심을 보였고, '자연'이라는 개념 자체가 생태 환경에 얼마나 큰 걸림돌인지를 지적하며 그야말로 '자연 없는 생태학'을 제안한다. 자연은 전통적으로 인간이 만들어 낸 다양한 개념을 대신하는 은유로 쓰이거나 엄격한 법칙에 따라 움직이는 세계로 그려지면서 인간과 대비되는 존재로 인식되었다. 인간과 자연을 이분법적으로 나누는 시각이 확고해지면서 자연은 인간이 정복하거나 사용하거나 돌봐야 하는 대상으로 받아들여졌다. 모턴은 자연을 위한다는 이른바 '생태학적 전환'조차 자연을 인간과 분리된 대상으로 상정한 채 여전히 이 이분법적 구도를 벗어나지 못한다고 비판한다. 이렇듯 자연의 문제와 인간의 문제를 서로 별개라고 보거나 기껏해야 이들이 간접적으로 연결되어 있다고 보기 때문에, 오늘날 많은 사람들은 환경 문제를 경제 위기, 테러리즘, 지역 분쟁보다 경시한다.

한편 환경 문제가 인간의 문제보다 더 중요하느냐는 질문은 언뜻 가치 판단을 요구하는 듯하지만, 실제로는 인간과 자연의 이분법적 구도를 재생산할 뿐이다. 이런 이유로 모턴은 진정한 생태학적 전환을 이룩하려면 자연 개념 자체를 폐기해야 한다고 주장한다. 그가 이 정도로 과감하게 주장할 수 있는 이유는 당연하다고 여겨지는 것들을 이로써 다시 보고 느끼고 표현할 수 있기 때문이다. 모턴이 특별히 새로운 태도를 내세운다고 할 수는 없겠으나 모턴의 논의는 일상을 미학적 방식으로 바라본다는 점에서 남다르다. 일상적이고 평범한 사물들은 그의 시선에서 새롭고 놀라운 무언가로 탈바꿈한다. 그것은 인간으로서 가늠하기 힘든 거대사물일 수도 있고, 새로운 감각을 자아내는 예술 작품일 수도 있다. 하지만 이런 특수한 경우가 아니더라도 일상 자체의 새로움을 느낀다면 사람들은 평범한 사물 앞에서도 충만한 경험을 할 수 있다.

이런 맥락에서 모턴은 객체 지향 존재론에 자연스레 합류한다. 객체 지향 존재론은 하이데거의 도구론이나 사물 개념을 바탕으로 하먼이 발전시킨 철학 사조로, 20세기 후반 인간중심주의를 비판하며 비인간 존재를 탐구한 포스트휴머니즘, 신유물론과도 많은 부분에서 유사하다. 하지만 하먼을 비롯한 객체 지향 존재론자들은 사물의 무한한 가능성이 관계가 아닌 사물 자체에 있다고 생각한다. 달리 말하면 어떤 사물이 익숙한 도구이면서도 동시에 완전히 색다른 무언가가 될 수 있는 이유는 그 사물에 마술과 같은 내면이 숨겨져 있기 때문이다.

모턴은 『거대사물』에서 잠시 언급했던 객체 지향 존재론을 『사실주의적 마술』에서 본격적으로 다룬다. 그는 자신의 작업을 "객체 지향 존재론의 입장에서 인과 관계를 탐구하는 것"이라고 소개하며 "인과 관계란 전적으로 미학적 현상"이라고 역설한다. 중요한 점은 인간이라는 존재가 이런 미학적 현상에 전혀 필수적이지 않다는 것이다. 모턴이 보기에 인간은 여타의 사물보다 전혀 우월하지 않은 존재다. 이런 맥락에서 최근작 『인류』에서는 객체 지향적 관점에서 자연과 대비되는 인간(humanity) 대신 '공생적 실재(the symbiotic real)'의 일부라는 뜻에서 인류(humankind)를 논의의 대상으로 삼는다. 결국 공생적 실재로서 일상이 새로운 이유는 일상에 놀라운 사물이 가득하기 때문이다. 모턴은 이런 이유로 21세기를 살아가는 인간이라면 반드시 사물에 주목해야 한다고 주장한다.

티머시 모턴
(Timothy Morton, 1968~)

+ 영향 × 비판 ◇ 동료

- 관련 인물

+	+	◇	◇
그레이엄 하먼	알폰소 링기스	이안 보고스트	캐리 울프

- 분야: 영문학, 철학, 생태학, 미학
- 사상: 객체 지향 존재론
- 주요 활동·사건: 비요크와의 서신 교환(2015)

1968년 영국 런던에서 태어난 영문학자 겸 생태학자다. 1992년 옥스퍼드대학교 모들린대학에서 퍼시 비시 셸리에 대한 논문으로 영문학 박사 학위를 받았다. 이후 미국으로 건너가 뉴욕대학교, 콜로라도대학교, 캘리포니아대학교 데이비스 등에서 강의했고, 2012년부터 라이스대학교 영문학과 교수로 있다. 1995년에 발표한 『셸리와 취향의 혁명』에서 낭만주의 작품과 당시의 자연 환경, 음식 소비, 몸의 관계를 연구했다. 이후에도 음식 문화에 대한 저술로 『향신료의 시학』(2000), 『급진적 음식』(2000), 『취향 문화와 식욕 이론』(2004) 등을 쓰고 엮었다.

『자연 없는 생태학』(2007)과 『생태학적 사고』(2010)에서 생태학과 환경주의를 본격적으로 연구하기 시작했고, 주체와 객체의 이분법적 사고를 재생산하는 기존의 자연 개념을 비판했다. 자연 개념 대신 혼란스럽고 불안한 생태 환경을 있는 그대로 받아들여 이른바 '어둠의 생태학'을 발전시켰다.

대표작 『거대사물』(2013)에서는 지구 온난화처럼 인간의 측정과 이해를 넘어서는 사물의 존재를 이론화하면서 과학, 철학, 문학, 예술 등 다양한 분야를 통해 거대사물을 논의한다. '거대사물'은 음악가 비요크의 노래 〈Hyperballad〉에서 착안한 명칭으로, 두 사람은 훗날 이메일을 통해 지적·사상적으로 직접 교류하기도 했다.

『사실주의적 마술』(2013)을 비롯한 사물 연구를 사변적 실재론이나 객체 지향 존재론으로 설명하기도 한다. 갖가지 학문 분야를 넘나들며 사물의 잠재적 가능성과 사물들 간의 인과 관계를 미학적으로 연구한 것이다. 『인류』(2017)에서는 자연과 대비되는 인간이 아닌 공생적 실재의 일부로서 인류를 객체 지향 존재론적 시각에서 다룬다.

기존의 고정 관념과 학문적 경계를 거부하는 급진적인 사상적 행보가 글쓰기 방식에도 그대로 녹아들어 있다. 『거대사물』에서 자신의 사고방식과 글쓰기 방식이 밀접하게 이어지며 이로써 "정상적인 확실성이 뒤집히거나 심지어는 사라지는" 것을 노린다고 밝힌 바 있다. 들뢰즈, 기타리스트 지미 헨드릭스, SF 드라마 〈닥터 후〉를 연이어 언급하는 글쓰기 방식으로 독자들을 놀라게 하지만, 예기치 않은 전개 방식이 던져 주는 놀라움은 급변하고 혼란스러운 21세기와 이 시대의 사물을 통찰하는 소중한 경험이 될 것이다.

• 『하이퍼오브젝트』, 김지연 옮김, 현실문화, 근간.

에두아르도 콘
Eduardo Kohn

*

생명은 어떻게
사고하는가?

*

차은정

펫팸족의 시대

"배가 난파되었다. 배 안에는 사람 한 명과 개 한 마리가 있다. 이 중 하나만 구조할 수 있다면 어느 쪽을 선택할 것인가?" 이 딜레마 앞에서 많은 이들은 사람을 선택할 것이다. 그런데 "사람은 늙고 병들었으며, 개는 어리고 팔팔한 강아지다."라는 조건을 달면 어떨까? 내가 이 문제를 수업 시간에 던졌을 때 과반 이상의 학생들이 개를 선택했고, 사람을 선택한 학생들도 대개 곧바로 답하지 못한 채 머뭇거렸다. 누군가가 가상 상황에서 내리는 선택이 평소 그 사람의 가치관을 드러낸다면, 이 물음은 오늘날 한국 사회가 사람과 개의 생명에 대한 가치를 과거만큼 비대칭적으로 판단하지 않음을 보여 준다. '반려 동물 인구 천만 시대'라는 표현이 말해주듯 현재 대한민국에서는 두 집 건너 한 집에서 개나 고양이를 키운다. 그 밖에도 다양한 부류의 비인간 동물들도 '반려'라는 이름 아래 인간과 함께 살고 있는데, 동물과 가족을 이룬다는 뜻에서 '펫팸족'이라는 신조어가 생겨날 정도다.

기호학으로 바라본 숲의 생태계

비인간 동물은 어떻게 생각하고 소통할까? 개나 고양이와 오랫동안 같이 살아 본 사람이라면 개나 고양이도 자기 의사를 표현하고, 인간과 소통하고, 생각한다는 것을 직관적으로 안다. 다만 인간과 같이 언어를 사용해 의사소통하지 않을 뿐이다. 에콰도르 출신의 인류학자 에두아르도 콘은 대표작 『숲은 생각한다』(2013)에서 이 문제를 집중적으로 파고든다. 콘이 동물의 생각과 소통이라는 문제를 최초로 탐구한 것은 아니지만, 그의 연구가 참신한 이유는 비인간 동물의 의사소통과 사고 행위를 인간의 그것과 동일 선상에서 다룬다는 점이다. 이제까지 비인간 동물에 대한 탐구는 인간만이 생각하는 존재라는 전제하에 비인간에 대한 인간의 특권적·독점적 지위를 강화하는 방향으로 전개되어 왔다. 반면에 콘은 비인간 동물을 지구상의 또 다른 생각하는 존재로 보고 이들에게 인간과 동등한 지위를 부여한다.

근대 세계에서 사고는 인간의 전유물이었다. 이와 같은 시각은 인간만이 언어를 사용한다는 생각에서 비롯되었다. 언어는 고도의 의사소통이 가능하게 할 뿐만 아니라 세계를 재현하거나 상상적으로 재구성하게 한다. 언어학자 페르디낭 드 소쉬르에 따르면, 언어가 기호로서 결합시키는 것은 사물과 그에 대응하는 명칭이 아니라 개념(기의)과 청각 영상(기표)이다. 이것은 언어 기호가 사물들과의 자연적 관계에 기반하지 않으며 외부 세계와 자기 자신을 이해하도록 해 주는 언어 관습 자체에서 주어진다는 사실을 말해 준다. 요컨대 언어는 일종의 정신적 실체로서 외부 세계와 분리됨으로써 능력을 발휘한다.

소쉬르는 언어를 모든 기호 체계의 모범으로 간주했다. 그러나 콘이 아마존 숲에서 인간을 비롯한 다양한 동식물을 관찰한 결과, 기호의 전형적 성격은 언어적인 것에 있다기보다 소쉬르의 언어학에서 주변으로 밀려난 비언어적인 것에 있다. 기호란 세계 속에 펼쳐지는 무언가를 나타내는데, 그러려면 기호를 해석하고 표상하는 해석자가 있어야 한다. 기호를 연쇄적으로 창출하는 끝없는 추론 과정에 참여하는 해석자가 있을 때, 기호가 비로소 존재할 수 있다는 것이다. 나아가 콘은 기호의 해석자가 인간에 한정되지 않는다고 지적한다. 그는 아마존의 다양한 생명체가 저마다 '자기(self)'로서 기호를 해석한다고 보고, 이들이 어떻게 기호의 연쇄 과정으로서 '자기들의 생태계(ecology of selves)'를 엮어 나가는지를 세밀하게 묘사한다.

    콘은 특히 프래그머티즘을 창시한 철학자 찰스 샌더스 퍼스의 기호학에 입각해 기호를 도상(icon), 지표(index), 상징(symbol) 등 세 부류로 나누고, 관습에 의해 형성된 인간의 언어는 그중 상징에 불과하다고 논한다. 반면 비인간은 주로 도상과 지표를 사용한다. 이를테면 아마존의 대벌레는 주변 식물과 구별되지 않을 정도로 강한 보호색을 띤다. 콘은 도상이 닮음의 기호이듯이 대벌레의 보호색 또한 일종의 도상이라고 주장한다. 진드기가 사슴, 인간 등 낙산 냄새를 풍기는 종을 일제히 항온 동물로 표상하는 것 또한 도상의 기호 작용에 따른 현상이다. 또한 아마존의 양털원숭이는 자신이 올라앉은 나무의 흔들림을 곧이어 일어날 위험의 신호로 해석한다. 이때 나무의 흔들림은 원숭이에게 위험을 가리키는 지표로 표상된다. 이렇듯 대벌레, 진드기, 양털원숭이 등은 모두 기호의 해석자이며, 이들의 생명 활동은 단순한 생리 작용으로 환원되지 않는다. 자기들의 생태계는 기호의 연쇄 과정 그 자체이며 이 과정에 참여하지 않으면 생명 활동을 이어갈 수 없기 때문이다. 다시 말해 기호는 인간의 언어에 한정되지 않으며 모든 생명체의 생명 활동으로 확장된다. 생명이 기호를 통해 구성되는 것이다.

인간 아닌 생명체의 기호 과정도 사고인가?

인간과 사고의 관계는 20세기 유럽 사상사에서 주요 논쟁거리 중 하나로, 서구의 많은 사상가들은 이 문제에 관해 서로 물고 물리는 논변을 펼쳐 왔다. 실존주의 철학자 장폴 사르트르는 인간의 변증법적 이성이 세계 속에서 세계에 의해 자기를 구성해 나간다고 논했다. 그러자 구조주의 인류학자 클로드 레비스트로스가 사르트르를 비판하고 나섰다. 레비스트로스는 변증법적 이성이 자아와 타자, 유럽과 비유럽을 대립시키는 유럽중심주의로, 나아가 인간과 세계를 대립시키는 인간중심주의로 귀결된다고 지적했다. 하지만 이후 레비스트로스 또한 데리다에게 호된 비판을 받는다. 데리다는 레비스트로스를 겨냥해 구조주의가 유럽어로 구사되는 한 구조주의에 잠재된 유럽중심주의의 망령을 쫓아내거나 인간 주체를 완전히 해체할 수 없다고 꼬집었다.

    콘은 인간 주체와 숲의 사고 간의 논쟁에서 레비스트로스의 편에 선 채 퍼스의 기호학을 통해 숲의 사고의 우위성을 설파한다. 퍼스에 따르면, 기호가 없다면 인간은 사고할 수 없다. 자아란 사고의 주체로서 기호의 연쇄 과정 그 자체이고, 사고는 종결 없는 추론을 통해 기호를 연쇄적으로 만들어 내는 과정에 참여하는 행위다. 퍼스의 관점은 내면의 성찰로 종결되는 코기토적 사고방식에 강한 이의를 제기하며 사고가 인간의 언어를 넘어서 비인간으로까지 확장될 가능성을 만들어 낸다. 그런데 퍼스는 비인간 생명체의 기호 과정을 논한 적이 없다. 콘은 바로 이 지점에서 퍼스의 기호학이 적용될 수 있는 범위를 아마존의 숲으로 확장해 비인간 생명체의 기호 과정 또한 사고임을 명시화한다.

콘은 특히 숲이 사고를 그 자체로 놓아둔다는 점에 주목한다. 아마존 열대 우림에서는 사고의 주체가 먼저 존재하지 않으며 주체에 의한 사고가 이를 뒤따르지도 않는다. 숲에서는 사고가 그 자체로 있고, 이 사고의 흐름 안에서 누군가 또는 무언가가 때마침 그곳에 존재할 뿐이다. 이렇듯 콘은 인간이 숲을 어떻게 생각하는지를 넘어서 숲이 어떻게 생각하는지를 물음으로써 숲의 가르침과 깨달음에 도달하고자 한다.

숲의 사고, 인간의 사고를 넘어 되돌아오다

근대 이래 서구인들은 자연과 생명의 존재를 대상으로 바라봐 왔지만 일상에서 이들 존재와 마주치며 그들 또한 스스로 생각하고 행동한다는 것을 실감한다. 이 모순은 인간의 시각을 수정해야 할 필요성을 환기하고, 여전히 야생의 숲으로부터 자성과 통찰이 필요하다는 사실을 드러낸다. 사고의 장으로서 숲의 기호학에서 자아의 사고는 각각의 신체에 국지화되지 않으며 신체 또한 인체에 국한되지 않는다. 숲의 기호학에 참여하는 모든 이는 신체를 넘어 확장될 수 있고, 이로써 서로의 관점을 교환할 수도 있다. 그런데 관점을 교환한다는 생각은 동아시아인들에게 어쩐지 낯설지 않다. 어쩌면 서구 근대인들이 주체의 철학을 넘어서 대안의 철학으로 제시한 숲의 사고는 한반도에 뿌리내린 먼 조상과 마찬가지로 시베리아 수렵민의 사고방식에 그 기원을 두고 있기 때문일지도 모른다.

에두아르도 콘
(Eduardo Kohn, 1968~)

＋ 영향 ✕ 비판 ◇ 동료

- 관련 인물

＋	◇	✕
찰스 샌더스 퍼스	필리프 데스콜라	페르디낭 드 소쉬르

- 분야: 생태 인류학
- 사상: 존재론적 전회, 포스트휴먼 비평
- 주요 활동·사건: 그레고리 베이트슨 도서상 수상(2014)

캐나다 맥길대학교 인류학 교수로, 에콰도르의 아마존 네트워크를 이끌며 여러 원주민 운동가, 건축가, 변호사, 학자, 과학자, 예술가 등과 함께 아마존 숲을 연구해 오고 있다. 제2차 세계 대전 중 파시즘을 피해 에콰도르로 이주한 이탈리아계 유대인 3세로서 1968년 태어났다. 문학 애호가인 외조모의 영향으로 어려서부터 유럽 고전 문학을 두루 섭렵했다. 1980년대 후반부터 아마존 원주민의 NGO 단체에서 활동하며 에콰도르의 아마존 지역을 연구하기 시작했고, 1996년부터 4년 동안 현지 연구를 본격적으로 진행했다. 2002년 미국 위스콘신대학교에서 인류학 박사 학위를 받았지만, 당시에만 해도 인류학계에서 거의 알려져 있지 않았다. 이후 10여 년간 단 네 편의 논문을 제출했으며, 그중 「개는 어떻게 꿈꾸는가」(2007)만 잠깐 주목받은 정도였다.

그러다가 2013년 『숲은 생각한다』를 발표하며 포스트휴먼 인류학에서 중요한 인물로 급부상했다. 이듬해 미국 인류학계에서 가장 권위 있는 상 가운데 하나인 그레고리 베이트슨 도서상을 수상했다. 『숲은 생각한다』는 아마존 숲에서 원주민뿐 아니라 다양한 동식물을 주의 깊게 관찰해 기술한 책으로, 지금까지 아홉 개의 언어로 번역·출간되었다. 『숲은 생각한다』는 저자의 생태학적 전문성 덕분에 가능했던 작업으로, 그는 코스타리카 열대학연구원에서 주관하는 열대 생태학 과정을 수료하고 다종다양한 생물종들의 표본을 직접 수집할 정도로 생태학에 박식하다. 특히 아마존에서 식물 표본 1100개 이상, 무척추동물 표본 400개 이상, 파충류 표본 90개 이상, 포유류 표본 60개 이상을 수집해 에콰도르 국립식물원과 동물학박물관에 기증하는 등 생태학 전문가로서 남다른 이력을 지니고 있다.

• 『숲은 생각한다: 숲의 눈으로 인간을 보다』, 차은정 옮김, 사월의책, 2018.

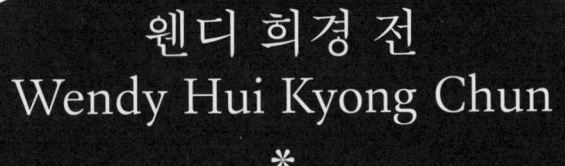

웬디 희경 전
Wendy Hui Kyong Chun
*
컴퓨터 네트워크에서
통제와 자유는 어떻게
공존하는가?
*
김지훈

인공 지능과 빅 데이터의 인종 차별

2009년, 미국의 컴퓨터 전문가 블랙 데시는 유튜브에 영상 하나를 업로드했다. 해당 영상에서 데시는 휴렛팩커드 컴퓨터에 내장된 안면 인식 소프트웨어를 동료와 함께 시연해 보인다. 먼저 흑인 남성인 데시가 컴퓨터 웹캠 앞에 선다. 그는 좌우로 움직이지만 소프트웨어는 전혀 반응하지 않고 화면도 그대로 멈춰 있다. 그러나 백인 여성 동료가 화면 앞에 서자 갑자기 웹캠이 그녀를 따라 움직이기 시작한다. 데시는 이 모의 실험을 통해 다음과 같이 선언했다. "휴렛팩커드 컴퓨터는 인종 차별주의자다."

오늘날 사람들은 자아를 표현하고 세계와 연결되기 위해 일상적으로 소셜 미디어를 이용한다. 또한 인공 지능과 빅 데이터는 삶의 영역 곳곳으로 급속히 확산되며 다양한 방식으로 활용된다. 페이스북과 구글은 사용자 권한과 정보 검색을 대가로 네트워크에서 사용자의 행위를 추적할 수 있는 데이터를 수집한다. 그런데 이와 같은 데이터 수집은 사용자의 취향과 성향을 바꾸기보다 이를 강화한다. 사용자가 능동적으로 선택하지 않았는데도 추천 페이지, 추천 영상, 광고 사이트 등이 알고리듬에 따라 자동적으로 제시되는 이유도 바로 이 때문이다.

2019년 초 뉴욕대학교 AI나우연구소는 미국 13개 도시 경찰에서 운영하는 범죄 예측 시스템이 특정 인종에 대한 편견이 담긴 결론을 산출해 왔다고 발표했다. 이를테면 흑인과 소수

인종이 많이 거주하는 동네에 더 많은 잠재적 범죄자가 있다고
예측한 것이다. 이렇듯 시민권에 직접적으로 영향을 미치는 '더러운
데이터(dirty data)'의 활용은 비판적 디지털 미디어학자 웬디 희경
전이 빅 데이터에 대해 통찰한 바를 뒷받침한다. "빅 데이터는 언뜻
무관해 보이는 상관관계를 찾음으로써 기존의 불평등을 심화하고
인종주의적·차별적 실천을 유도한다."

인터넷, 통제에 순응한 대가로 주어진 자유의 도구

전은 이른바 뉴 미디어에 대한 기술 결정론이나 사용자 우선적
낙관주의에 비판적으로 맞선다. 디지털 미디어가 세계, 대상, 주체를
전례 없이 새롭게 변화시킨다는 시각에도, 사용자의 자유와 사용
방식에 따라 디지털 미디어의 효과가 결정된다는 시각에도 공히
반대하는 것이다.

그는 첫 번째 저서 『통제와 자유』(2008)에서 인터넷이
다양한 기술적·정치적·문화적 통제를 수반함에도 왜 신문, 방송
등 기존의 매스 미디어에서 누릴 수 없는 자유의 도구로 도입되고
확산되었는지 묻는다. 그 이유는 네트워크가 통제와 자유를
불가분의 짝패로 마련하기 때문이다. 즉 사이버 공간의 사용자가
누리는 항해와 검색의 자유는 컴퓨터 모니터의 이면에서 작동하는
일련의 통제에 은밀히 순응한 대가로 주어진다. 그러므로 인터넷을
이용하며 누리는 자유는 주체에게 프라이버시의 약화를 포함한

새로운 유형의 취약함을 수반하고 편집증적 불안을 야기한다.

전은 통제와 자유의 역설적 공존을 드러내고자 네트워크의 하드웨어, 소프트웨어, 그 밖에 네트워크를 재현하는 다양한 미디어 문화를 탐사한다. 그는 우선 하드웨어의 차원에서 인터넷의 전송 제어 프로토콜을 분석한다. 네트워크는 신호의 전송과 수신을 동시에 수행하는 쌍방향의 창처럼 작동하고, 인간의 인식을 벗어나는 그 창의 이면에서는 기술적 통제가 이루어진다. 네트워크의 표면에서는 인터넷 포르노 문화의 양가적 면모가 드러난다. 사이버 공간에서 번성하는 각종 포르노 사이트는 미국의 헌법 정신과 신자유주의 이데올로기가 공히 천명하는 사상과 상업의 자유를 웅변하지만, 이에 대한 정부의 규제는 자유와 더불어 부과되는 정보 통제의 존재를 입증한다.

통제와 자유의 갈등적 공존은 인터넷 문화를 재현한 광고, 뮤직 비디오, 애니메이션 등에서도 확산되어 왔다. 기업들은 인종, 성별, 연령과 관계없이 사용자의 자유와 역량을 강화하는 공간으로 인터넷을 홍보해 왔지만, 유색 인종은 사이버 주체의 초월적 정체성을 체험함으로써 차별받는 신체라는 현실의 구속에서 벗어나 이상화된 백인 부르주아 주체와 동일시하게 된다.

전산 과정을 은폐하는 프로그래밍 언어와 GUI
통제와 자유의 역설적 공존이라는 컴퓨터와 네트워크의 존재론은 가시성과 비가시성의 역설적 공존으로 심화된다. 전은 두 번째 저서 『프로그래밍된 시각』(2011)에서 소프트웨어는 물리적 실체 없이 수많은 컴퓨터와 사용자 환경에서 널리 작동한다는 비물질성의 선입견에 도전한다. 그는 소프트웨어의 비물질성이라는 신화에 도전하면서도 소프트웨어의 역설적이고도 모호한 특성을 입체적으로 조명한다. 인간은 프로그래밍 언어를 통해 소프트웨어를 알 수 있지만 이를 구동하는 컴퓨터의 프로세싱은 인간의 지각을 넘어서기 때문에 미지의 상태로 남는다. 소프트웨어를 구성하는 코드는 언어적으로 행동을 실행하지만, 전능한 프로그래머가 이 코드를 조직하고 개발한다는 신화는 코드의 기계적 자동성을 마법적인 것으로 은폐한다.

전은 소프트웨어의 이 같은 역설이 사용자가 컴퓨터를 사용할 때 대면하는 인터페이스에도 적용된다고 주장한다. 그래픽 사용자 인터페이스(graphical user interface, GUI)는 컴퓨터 운영 체제 등에 적용됨으로써 사용자가 컴퓨터 하드웨어에 접속하고 이를 가시적으로 제어할 수 있게 한다. 하지만 GUI는 하드웨어 이면에서 작동하는 전산 과정을 비가시적 상태로 은폐한다. GUI의 상호 작용성은 개인적 행위와 선택의 자유를 경제적 발전의 원천으로 상정하면서도 불안정한 세계에 계속 적응하기를 강요하는 신자유주의의 통치성을 체현한다. 전은 루이 알튀세르의 이데올로기 개념을 동원해, 사용자를 생산하고 하드웨어와 상상적 관계를 맺도록 해 준다는 점에서 GUI를 '이데올로기의 유사물'로 규정한다.

소셜 미디어의 업데이트는 왜 습관이자 위기인가?

가시성과 비가시성이 다면적으로 공존하는 컴퓨터와 네트워크의 가장 심오한 역설은 메모리(memory, 기억)의 차원에서 드러난다. 사람들은 컴퓨터가 영구적 기억 기계가 될 것이며 네트워크는 모든 사람에게 개방된 정보의 아카이브가 되리라 기대하곤 한다. 이런 믿음은 컴퓨터와 네트워크가 기억과 저장을 통합하며 데이터를 지속적으로 재생하고 다시 읽어 낸다는 점 때문에 생겨났다. 정보는 영구적 기억을 구성하기 위해 사라지고 갱신되는데, 전은 이 같은 정보의 역설을 '오래가는 덧없음(enduring ephemeral)'이라고 일컫는다.

컴퓨터와 네트워크에 내재된 '오래 가는 덧없음'의 역설은 최근작 『동일 유지를 위한 업데이트』(2016)에서 소셜 미디어의 차원으로 연장된다. 전은 소셜 미디어의 본성과 소셜 미디어가 구축하는 '당신(들)(you)'이라는 정체성의 역설을 설명하고자 습관(habit)이라는 익숙한 철학적 개념에서 출발한다. 그는 습관을 둘러싼 사상적 계보, 즉 데이비드 흄, 존 듀이, 들뢰즈, 피에르 부르디외를 가로지르며 습관에 대한 자기만의 관점을 내놓는다. 전에게 습관이란 과거를 반복함으로써 미래를 대비한다는 점에서 '창조적 기대'다. 습관의 이 역설적 특징은 오늘날 활발히 서비스되는 소셜 미디어에 고스란히 나타난다. 소셜 미디어 사용자들은 개별 사용자인 '당신'인 동시에 세계 곳곳의 다른 사용자와 연결되게끔 독려 받는 '당신들'로 호명되고, 자신의 존재가 항상적임을 입증하도록 끊임없이 상태 업데이트를 권유받는다.

 습관은 업데이트를 촉발하는 기제임과 동시에 소셜 미디어를 순환하는 다양한 종류의 위기이기도 하다. 전은 이런 특성을 뉴 미디어의 결정적 차이, 네트워크의 시간성 등으로 규정하고 업데이트를 습관과 위기의 합(habit + crisis)으로 정식화한다. 소셜 미디어와의 습관적 연결은 업데이트를 촉진하면서 신자유주의의 동력인 불안정성과 변화의 논리를 뒷받침한다. 또한 빅 데이터를 비롯한 계량화된 데이터의 수집을 촉진하고 사적 공간과 공적 공간의 전통적 구별을 와해한다.

 전은 소셜 미디어에서 벌어지는 친구 맺기나 사이버 폭력 등의 문제를 지적하지만 전통적 프라이버시를 옹호하거나 전통적 공동체의 소멸을 애도하지는 않는다. 그 대신 소셜 미디어에서 사적이고 개별적인 중독으로 치부되는 습관을 타자와 공유해 공통의 경험으로 재구성하고, 사용자의 행위를 예측 가능한 것으로 저장하고 관리하는 빅 데이터의 정치에 저항해 '잊힐 권리'와 '지워질 권리'를 실현하는 방향으로 네트워크를 사용해야 한다고 주장한다.

웬디 희경 전
(Wendy Hui Kyong Chun, 1969~)

$+$ 영향 $\times$ 비판 $\diamond$ 동료

- 관련 인물

$+$	$\times$	$\diamond$	$\diamond$
프레드릭 제임슨	레프 마노비치	알렉산더 갤로웨이	리사 나카무라

- 분야: 비판적 디지털 미디어 연구, 소프트웨어 연구, 컴퓨터 공학, 비판 이론
- 사상: 디지털 유물론, 비판적 인종 연구
- 주요 활동·사건: 사이먼프레이저대학교 디지털 민주주의 그룹 연구 주도

미국 브라운대학교 현대문화미디어학과 교수를 역임했고 현재 캐나다 사이먼프레이저대학교 커뮤니케이션학부 교수로 있다. 2000년대부터 영미권 학계에서 성장해 온 비판적 디지털 미디어 연구 분야를 알렉산더 갤로웨이, 리사 나카무라, 보고스트, 매트 풀러 등과 함께 선도하며 기술 연구와 비판 이론의 생산적 결합이라는 학제 간 연구의 탁월한 사례를 보여 줬다. 시스템 디자인 공학을 전공한 이력을 살려 디지털 문학, 비디오 게임, 온라인 비디오·텍스트, 데이터 시각화 등 컴퓨터에 기반한 문화적 대상의 소프트웨어, 하드웨어, 인터페이스에 주목해 이들의 기저에서 작동하는 코드, 알고리듬, 프로그래밍의 기술적·물질적 차원을 상세히 분석한다. 또한 푸코, 들뢰즈, 프레드릭 제임슨, 아감벤 등의 비판 이론과 접속해 자신의 분석 작업을 디지털 미디어의 정치적·경제적·문화적 활용에 대한 독해로 연장한다. 이로써 디지털

미디어가 비인간 행위자로서 기존의 인간중심주의를 넘어서는 동시에 인간의 주체성과 행위, 인간이 상정한 세계와 대상의 정의를 새롭게 재구성한다는 점을 입증한다.

뉴 미디어가 정치, 경제, 군사, 문화 전반을 작동시키는 신자유주의 통치성의 기술임을 깨달으려면 컴퓨터 스크린 너머의 기술적·이데올로기적 작용을 파악해야 한다고 역설한다. 반면 디지털 인문학에서 주장하듯 모든 인문학자가 코딩을 배워야 한다는 식의 입장에는 비판적이다. 컴퓨터 하드웨어가 인간의 지각을 넘어 작동한다는 사실을 간과한 채 코딩 지식만으로 이를 지배할 수 있다는 거짓 환상을 품을 수 있기 때문이다. 이런 이유로 디지털 인문학이 기존 인문학에서 연구한 대상을 단순히 소프트웨어로 다루는 데 그쳐선 안 되며, 과학과 인문학이 결합된 비판적 사유를 실천하는 방향으로 나아가야 한다고 주장한다. 이와 같은 주장은 차기작 『차별하는 데이터』에서 입증될 것으로 보인다. 『차별하는 데이터』는 빅 데이터를 활용한 네트워크 분석이 인종과 젠더 정치학에 어떤 영향을 미치는지를 분석하는 내용이라고 알려져 있다.

• 「빅 데이터라는 드라마」, 정주영 옮김, 《불온한 데이터》 도록, 국립현대미술관, 2019, 70~100쪽.

유시 파리카
Jussi Parikka

*

디지털 기기는 어떻게
지구를 황폐화하는가?

*

심효원

천연 자원, 첨단 디지털 기기의 실질적 기반

최근 스마트폰이나 태블릿 컴퓨터와 같은 소비자용 기술 미디어는 전화선, 포트, 저장 기기 대신 무선 인터넷, 블루투스 페어링, 온라인 백업·공유 서비스를 기반으로 모습을 탈바꿈했다. 기술 미디어는 눈에 보이는 물리적 형태에서 눈에 보이지 않는 비물질적 방향으로 나아가고 있으며 사람들은 이를 당연한 수순처럼 받아들인다. 하지만 미디어 고고학자 유시 파리카는 오늘날의 기술 미디어조차 '물질적'이라고 주장한다. 디지털 장치는 그 내부를 임의로 변경할 수 없도록 반짝이고 매끈한 표면으로 마감되어 있다. 파리카는 디지털 장치가 마치 닫혀 있는 블랙박스 같다고 지적하면서 무엇이 디지털 장치를 실질적으로 구성하는지 탐색한다.

파리카가 최신 미디어 기술에서 공통적으로 발견하는 것은 광물, 금속, 화학 물질 등 본래 지구에 속해 있던 원초적 물질의 존재다. 일례로 리튬은 스마트폰, 랩톱 컴퓨터, 전기 자동차에 들어가는 배터리에, 백금은 액정 화면을 포함한 일련의 컴퓨터 제반 장치에, 콜탄은 휴대 전화 등의 전기 회로에 각각 필수적인 핵심 원료다. 눈에 보이지도, 손에 잡히지도 않는 추상적 기술은 사실 아주 오래전부터 지구의 일부로 존재하던 물질 덕분에 작동할 수 있다. 다만 애초부터 열리지 않도록 만들어진 장치 내부에 이 물질들이 들어 있기 때문에 우리는 그 존재를 체감하기 쉽지 않을 뿐이다. "우리는 아프리카에서 온 작은 조각을 주머니에 넣고

다닌다." 파리카는 사회학자 벤저민 브래튼의 이 문구를 인용하면서 전 세계 곳곳에서 채굴돼 지난한 가공 끝에 일상생활로 들어온 지구 속 물질의 속성을 파악하고 그것이 최신 미디어의 실질적 기반이자 '지반'임을 밝힌다.

지구의 과거를 착취하는 미디어 기술

비물질적으로 보이는 기술 미디어가 실은 물질에 의존하고 있다는 주장은 기술 미디어 장치를 감싸고 있는 단단한 껍데기와 '새로움'이라는 자본주의적 이미지를 한꺼번에 벗겨 낸다. 오늘날 많은 디지털 기기가 혁신을 표방하며 첨단 상품처럼 거래되지만 실제로는 새롭기는커녕 인간의 관점에서 상상하기 어려울 정도로 오래된 것에 기반을 두고 있다. 희토류를 비롯해 오늘날 기술 미디어에 이용되는 물질들은 지구 역사 전체에 걸쳐 생성되었다는 점에서 행성 규모의 시간을 담고 있다.

파리카는 미디어 기술의 지질학적 특징을 지칭하고자 칠린스키의 '심원한 시간' 개념을 차용한다. 칠린스키는 보고 듣는 장치가 그리 멀지 않은 과거에서 현재의 주류 기술로 진보한 결과라는 선형적·목적론적 역사에 맞서, 과학과 예술이 분리되지 않았던 아주 먼 과거로 거슬러 올라가 주류 역사에서 사라지고 잊힌 기이한 장치 실험을 살펴보았다. 칠린스키에게 심원한 시간은 미디어 아트의 불연속적 역사를 그리기 위한 개념이었지만,

파리카는 이를 유물론적 맥락에서 새롭게 사용한다. 그에게 심원한 시간은 화학·금속 물질이 지구에 존재했던 만큼 오래된 지속을 의미하며, 소형화된 이동식 기기가 포함된 21세기의 미디어 기술은 지구의 심원한 시간을 동원하고 착취하는 것과 다름없다.

파리카는 단순히 과거의 시간을 회고적으로 돌아보는 데 그치지 않고 심원한 시간이라는 개념을 인류세의 반성적 사고와 연결 짓는다. 그것은 현재를 기점으로 과거와 미래의 심원한 시간으로 각각 뻗어 나간다. 우선 과거의 심원한 시간은 미디어의 자원으로 동원되는 물질이 유한하다는 점과 관련이 있다. 지구 속 물질은 심원한 시간에 걸쳐 형성되기 때문에 새롭게 만들어 내는 데 제약이 있고 현재의 수요도 따라잡을 수 없다. 실제로 근대 이래 채굴의 역사는 더 깊고 더 먼 곳까지 자원을 차례차례 고갈시킨 역사라 해도 과언이 아니다. 이런 맥락에서 채굴은 사람의 손이 닿지 않던 미지의 영역, 즉 '심원한 공간'으로 확장된다. 이로써 심해나 북극은 물론이고 심지어 우주마저 채굴의 장소가 된다. 이런 지정학적 맥락에서 과거의 심원한 시간에 대한 파리카의 논의는 채굴의 주체인 글로벌 대기업과 국민 국가를 향한 예리한 시선을 드러낸다.

전자 쓰레기가 미래 지구와 우주에 끼치는 영향

미래의 심원한 시간은 전자 폐기물과 관련이 있다. 지질학적 물질이 전자 제품이 되려면 각종 가공 과정을 거쳐야 한다. 이 과정은 지구를 물리적·화학적으로 파괴하는데, 환경 파괴는 전자 제품이 효용을 다하고 버려진 이후에도 이어지며 심지어 더 심각해지기까지 한다. 전자 제품은 결코 완전히 죽지 않는다. 전자 제품은 버려진 뒤에도 흙, 물, 대기 등의 환경 조건에 부정적 영향을 끼친다. 사람들은 흔히 가상 세계와 같은 추상성 및 비물질성의 차원에서 미디어 문화에 접근하고 열광한다. 하지만 그 결과 물질적 잔여가 대규모로 생성된다는 사실은 쉽게 간과한다.

파리카는 버려진 뒤에도 폐기되지 않는 미디어 장치를 '좀비 미디어'라고 명명하고, 비디오 게임 회사 아타리의 '게임 무덤'을 그 사례로 든다. 1980년대 아타리는 졸작 게임들을 무분별하게 기획했다가 흥행에 참패하고, 미처 판매하지 못한 게임기와 게임팩을 미국 뉴멕시코주에 무더기로 몰래 매립했다. 이 무덤은 2014년 봄 세상에 알려졌는데, 발굴된 게임팩은 손상 없이 멀쩡한 상태였다. 이 사건은 전자 폐기물을 썩히고 분해하기가 얼마나 어려운지를 잘 보여 준다. 파리카는 전자 폐기물이 단 몇십 년만 쌓여도 거대한 쓰레기 지층을 형성할 수 있으며 인류가 지구에서 사라진 먼 미래에도 이 쓰레기 지층은 남아 있을 것이라고 지적한다.

과거의 심원한 시간과 마찬가지로, 미래의 심원한 시간 또한 우주라는 심원한 공간으로 이어진다. 인공위성 궤도 위쪽에는 우주에서 활용되지 않은 인공 물체, 즉 우주 쓰레기들이 공전하고 있다. 파리카는 이 공전층을 궤도의 공동묘지 같다고 묘사한다. 이렇듯 오늘날 인류는 심원한 시간 동안 존재했던 물질을 동원하고 폐기하면서 효용을 다한 물질적 잔여를 지구 행성 바깥에까지 남기고 있다. 심원한 시간 이후 인류가 멸종한 시점에도 현재의 잔여는 미래의 화석으로 남아 있을 것이다. 그리고 외계인이나 로봇은 이 화석을 통해 사라진 인류의 역사를 사변할 것이다.

미디어 원료의 고갈과 미디어 쓰레기의 잔여라는 문제의 중심에는 기술과 결부된 자본주의가 있다. 그중에서도 '계획적 구식화'가 지금의 디지털 문화를 지배하고 있다. 계획적 구식화란 제품 설계 과정부터 사용 기간을 짧게 설정해 최종 소비자들이 기존 제품을 수리하는 대신 새로운 제품을 구매하도록 장려하는 전략이다. 디지털 기기의 매끄럽고 간결한 외관, 설명서에 크게 의존할 필요 없는 직관적 사용성 이면에는 블랙박스 소비자 행동 모델이 숨겨져 있다. 소프트웨어의 사용이 간편해진 만큼 소비자는 행동 유도성의 차원에서 기업의 의도에 따라 기술 미디어를 제한적으로 사용할 수밖에 없다. 이음새 없이 완성된 하드웨어의 외관은 미적 만족도를 높여 주지만 소비자들이 기기를 임의로 수리하거나 조작할 가능성을 원천 봉쇄한다. 이렇듯 계획적 구식화는 미디어의 기반이 지구 속 물질이라는 본질적 이해에서 우리를 멀어지게 할 뿐만 아니라 지구적 고갈과 소비를 부추기고 그것의 잔여 주기를 더욱 빠르게 단축한다는 점에서 문제적이다.

심원한 시간은 어떻게 반성적 상상력으로 이어지는가?

파리카가 논하는 미디어의 물질성은 지구의 심원한 시간을 담은 구체적 개념이다. 미디어는 생태 조건을 이용하고, 용도를 다하면 그 자체가 새로운 생태 조건이 된다. 최신 기술과 자본주의가 결합한 미디어 기기의 개발과 사용은 금방 쓰레기가 될 신제품들의 강박적 출시로 이어져 환경 파괴를 가속화한다. 그의 주장은 잊힌 과거를 현재 관점에서 발굴 및 (재)맥락화하는 미디어 고고학적 방법론과도 공명한다.

파리카는 자연과 미디어, 인간과 비인간, 유기물과 무기물 등의 이분법을 탈피해 사회적·기술적 관계와 환경적·생태학적 현실을 구성하는 전 지구적 조건들을 통합적으로 다룬다. 또한 미디어와 지구가 심원한 시간으로 상호 연계된 양상들을 지질, 문화, 환경, 기술, 정치, 경제의 대상과 개념을 횡단하며 간학제적으로 풀어 나간다. 이로써 우리는 지구의 깊은 곳을 바라보는 데서 그치지 않고 현재의 복합적 상황을 총체적으로 파악할 수 있다.

우리는 유희적 미디어 문화의 조건을 과거와 미래의 지구에 연결함으로써 행성 규모의 자기반성적 상상력을 펼칠 수도 있다. 지구 환경을 되돌리기에는 너무 늦었고 이를 근본적으로 해결한다는 발상은 무색하기까지 하다. 파리카가 인류세적 위기를 인간, 인류보다 자본, 군사, 국가의 이해관계와 결부된 양상으로 분석했던 것처럼 우리는 개인으로서 무력함을 느낄 수밖에 없다. 지금의 상황을 직시하는 일은 은폐된 블랙박스 속 진실을 파헤치는 것만큼이나 어렵고도 도전적인 과업이 되었다. 파리카의 대담하면서도 사려 깊은 주장은 우리의 이러한 직시를 위한 것이다.

유시 파리카
(Jussi Parikka, 1976~)

+ 영향 × 비판 ◇ 동료

- 관련 인물

+	+	◇	◇
지크프리트 칠린스키	질 들뢰즈·펠릭스 가타리	에르키 후타모	볼프강 에른스트

- 분야: 미디어학
- 사상: 미디어 고고학, 미디어 생태학, 신유물론
- 주요 활동·사건: 미디어·기술 고고학(AMT) 리서치 그룹 설립

핀란드 투르쿠대학교에서 박사 학위를 받고 영국 사우샘프턴대학교 기술문화·미학과 교수로 재직 중인 미디어학자다. 2019년부터는 이탈리아 우디네대학교에서도 미디어 고고학을 가르치고 있으며 체코과학재단의 연구 지원 사업인 '가동 이미지와 시각 문화'를 총괄 기획하고 있다.

저서 『미디어 고고학이란 무엇인가?』(2012)와 공편서 『미디어 고고학』(2011)을 통해 미디어 고고학적 접근법을 널리 알리는 데 중요한 역할을 했다. 미디어 고고학이란 '현재의 새로움 대 과거의 오래됨'이라는 이분법적 구도에 반대하며, 새롭다고 여겨지는 현재의 대상을 과거의 대안적 역사와 연결하는 방법론이다. 미디어 고고학자들은 주류가 되지 못했거나 잊힌 역사를 새롭게 발굴하고, 이를 통해 현재의 새로움을 재고하는 동시에 과거를 새롭게 한다. 미디어 고고학은 개별적이고 특이한 이론적·예술적 실천이며, 주류로 수렴되는 사상의 역사적 계보에서 벗어나고자 하는 움직임이 반영되어 있다.

대표 저서로 미디어 생태학을 주제로 한 3부작이 있다. 『미디어 고고학이란 무엇인가?』가 역사에 새롭게 접근하는 방법론 자체를 다뤘다면, 3부작 중 마지막 순서인 『미디어의 지질학』(2015)은 미디어 고고학을 생태학적·환경적으로 풀어낸 개별적 실천이자 사상적 실험이라 할 수 있다. 『디지털 전염』(2007)과 『곤충 미디어』(2010)가 유기물 중심의 논의를 담고 있는 데 반해 『미디어의 지질학』에서는 무기물인 지층과 광물을 둘러싼 미디어 환경을 분석한다. 미디어 생태학에서 말하는 '생태학'이란 자연과 미디어 문화의 환경 조건 둘 다에 해당하는데, 실질적으로 이 둘을 구분할 수 없다고 주장하며 '미디어 자연'이라는 개념을 제시한다.

오늘날 인류세 담론에 동참해 미디어 문화 이면에 남겨진 거대한 규모의 전자 폐기물과 그것이 행하는 느린 폭력, 그리고 새로운 미래주의를 탐색하고 있다.

- 「수천 개의 작은 미래들」, 심효원 옮김, 김남시 등, 『평행한 세계들을 껴안기: 수천 개의 작은 미래들로 본 예술의 조건』, 서울시립미술관·현실문화A, 2018, 22~35쪽.
- 『미디어 고고학이란 무엇인가』, 미디어 고고학 세미나 옮김, 현실문화, 근간.
- 『미디어의 지질학』, 심효원 옮김, 현실문화, 근간.

그레구아르 샤마유
Grégoire Chamayou

*

드론은 어떻게
전쟁의 전통을 교란하는가?

*

김지훈

드론, 21세기 풍경을 바꾼 신기술

한국인들은 무인 항공기 또는 드론에 대해 어떻게 생각할까? 사람들은 흔히 드론을 새로운 취미의 대상 또는 공중 조망 장면에 활용되는 촬영 도구 정도로 생각한다. 이를테면 드론은 트로트 가수 유산슬의 〈합정역 5번 출구〉 뮤직 비디오에서 선유도 공원 곳곳을 촬영하는 데 폭넓게 사용되었고, 그 밖에 각종 리얼리티 예능 프로그램에서도 그 쓰임새를 어렵지 않게 찾아볼 수 있다. 혹은 실시간 데이터 수집 및 인공 지능 기반의 자율 비행 기능을 갖추고 있다는 점에서 드론은 4차 산업 혁명 시대의 핵심 기술로 여겨지기도 한다.

그러나 21세기 들어 미국이 '테러와의 전쟁'을 선포하고 세계 곳곳의 국지적 분쟁에 개입해 온 지정학의 맥락에서 드론은 무엇보다도 전쟁의 개념을 근본적으로 바꾼 기술이다. 2011년 오바마 대통령 행정부는 '생포보다 살상'을 테러리즘에 맞서는 원칙으로 수립했다. 테러와의 전쟁 초기부터 시작된 드론 공격은 오바마 대통령 집권기에 주요 분쟁 및 테러 지역에서 급증했다. 아프가니스탄, 파키스탄, 예멘, 소말리아 등이 드론을 활용한 원격 공격의 표적이 되었다. 하지만 오바마 행정부의 새로운 전쟁 정책은 치명적 결과를 불러왔다. 2012년 CNN 보도에 따르면, 미국은 2004년부터 파키스탄에서 드론 공격을 수행해 49명의 반군 지도자를 살해했지만 이 숫자는 드론 공격으로 발생한 전체

사상자의 2퍼센트에 불과했다.

드론은 제3세계의 영토에서 테러리스트나 반군뿐 아니라 무고한 민간인들을 죽음에 몰아넣는 동시에 글로벌 거대 물류 기업 아마존이 구상한 배송의 혁신에도 도입되었다. 이와 같은 상황에 직면해 철학, 정치학, 군사학, 지리학을 비롯한 서구의 여러 학문 분야에서는 드론을 새로운 기술적·문화적 대상이자 감시, 정찰, 폭력의 장치로서 고찰하는 연구와 성찰을 활발히 펼쳐 왔다.

샤마유가 구성한 드론의 기술적·전략적 계보

철학자 그레구아르 샤마유가 2013년에 발표한 『드론 이론』은 드론에 대한 학계의 화급한 관심을 여실히 보여 주는 대표 저서다. 『드론 이론』은 2011년 4월 《로스앤젤레스타임스》에서 공개한 녹취록을 인용하며 시작한다. 이 녹취록에는 2010년 2월 20일 아프가니스탄 전쟁 당시 미국 네바다주 공군 기지 드론 통제실에서 벌어진 대화, 아프가니스탄 상공을 비행하던 헬리콥터와 나눈 교신 등이 담겨 있다. 통제실 근무자는 아프가니스탄 산악 지역을 감시하며 미군의 공격형 드론이 어느 움직이는 물체를 관찰하는 모습을 실시간으로 송신하고 있었다. 근무자는 물체의 정체를 분명히 식별할 시각적 근거가 없었지만 센서의 움직임만을 보고 물체를 적대적 대상으로 판단했다. 근무자의 결정에 따라 통제실에서는 드론에 장착된 헬파이어 미사일을 이 물체를 향해

발사했다. 미사일은 목표물에 명중했다. 그런데 폭격으로 발생한 자욱한 흙먼지가 걷히자 드론이 정밀 타격한 대상이 실은 무고한 여성과 아이들이었음이 드러났다.

    샤마유는 이 녹취록을 포함한 다양한 보고서와 기사를 인용해 드론의 기술적·전략적 계보를 구성한다. 기술적 관점에서 드론은 제2차 세계 대전부터 본격적으로 발달한 원격 감시 및 공격 기술의 현대적 결정판이다. 전략적 관점에서 드론은 식민 전쟁의 전략을 업그레이드한다. 서구 강대국들은 비서구 지역을 장악하고자 자신의 기술적 우월함을 원주민 학살에 활용해 왔는데, 첨단 기술인 드론 또한 철저히 정복이라는 목적을 위해 동원된다. 그러나 드론은 전쟁 기술과 전략의 선형적 발전을 넘어서는 하나의 역설적 논리를 작동시킨다. 이 논리란 2차 대전 당시 일본군의 자살 특공대인 가미카제의 공식을 뒤집은 것이다. 가미카제에게는 자신의 신체가 곧 무기다. 하지만 드론이라는 무기에는 인간의 신체가 결여돼 있다. 가미카제는 죽음이 당연시되는 존재인 데 반해 드론 조종사는 죽음이 불가능한 존재다. 이렇듯 드론은 삶과 죽음의 관계, 신체와 기술의 관계를 역설적으로 바꾼다.

드론 공격이 전쟁에 끼친 광범위한 영향

드론은 전쟁 자체는 물론 전쟁과 연관된 심리적·철학적·정치적 차원에도 광범위한 영향력을 발휘한다. 샤마유에 따르면 드론은 전장의 광학과 시공간적 위상을 바꾼다. 드론은 모든 방향을 관찰할 수 있는 고화질 카메라를 탑재하고 있어서 조작자는 멀리 떨어진 곳에서도 특정 지역을 지속적으로 정찰하고 감시할 수 있다. 그러므로 드론은 "모든 것을 보는 신의 눈이라는 허구를 미니어처로 축소한 셈이다." 드론이 전송하는 이미지는 데이터로 변환되고, 드론에 연결된 컴퓨터 네트워크는 데이터에 기록된 비정상적 패턴을 자동적으로 인지해 전장의 상황에 선제적으로 대응한다. 즉 드론은 전장을 실시간으로 감시해 과거를 데이터로 축적한 뒤 이를 바탕으로 미래를 예견하고 제어하는 기술이다.

드론의 영향은 전쟁의 시간적 차원에만 국한되지 않는다. 정밀 요격이 가능한 공격형 드론은 무장 투쟁 지역 전체를 적의 신체로 환원한다. 지구상의 모든 곳을 비행하고 감시할 수 있기 때문에 세계 전체를 사냥터로 만들기도 한다. 특수한 것과 보편적인 것, 전체적인 것과 국지적인 것이 공존하는 새로운 전쟁의 양태. 이것이 드론이 작동시키는 또 다른 역설이다.

전장에 군인을 투입하지 않고도 멀리 떨어진 곳에서 전쟁을 자동적으로 수행할 수 있다는 역설은 전쟁의 철학적·심리적 위상에도 중대한 영향을 미친다. 프로이센 왕국의 군사 전문가 카를 폰 클라우제비츠는 고전 『전쟁론』에서 '죽을 각오'라고 표현되는 숭고한 자기 희생의 정신을 전쟁의 윤리로 제시한 바 있지만, 오늘날에는 전쟁의 윤리가 드론이 수행하는 얼굴 없는 일방향의 폭력으로 대체된다. 이런 의미에서 샤마유는 드론을 '겁쟁이의 무기'라고 부른다. 겁쟁이의 정신을 입증하듯 드론은 분쟁 지역의 모든 잠재적 인구를 적으로 상정한다. 또한 전쟁을 수행하며 정치적 상황을 신중하고 장기적으로 살펴보기보다 위험 요인을 선제적·즉각적으로 제거함으로써 항구적 전쟁 상태를 초래한다.

전쟁 상태가 영속화하면 전쟁에 참여하는 드론 조종사들의 정체성도 달라진다. 드론 조종사들은 신체적 위험을 감수하지 않는 대신 정신적 위험에 노출된다. 이들은 목표물이 자신을 볼 수 없지만 자신은 목표물을 원격 관찰한다는 점에서 지각장의 비상호성을 경험하며, 그 과정에서 목표물을 살아 있는 존재가 아닌 모니터상의 점으로 환원한다. 이 모든 효과들 때문에 드론 조종사들은 원격 공격과 살인에 점점 둔감해지는데, 샤마유는 이를 '도덕적 버퍼링'이라 부른다. 더 큰 문제는 먼 훗날 도덕적 버퍼링 효과에 대한 죄책감이 드론 조작자를 엄습하는 순간, 그가 심각한 외상 후 스트레스 장애에 빠져든다는 점이다.

드론은 모든 것을 비대칭적 공격의 목표물로 환원하며 전쟁의 전통적인 법적·윤리적 근거마저 붕괴시킨다. 드론은 고전적 전쟁을 지탱해 온 "전쟁에 나서는 두 군대는 서로를 죽일 수 있다."라는 상호성의 논리, 살인과 신체 노출이 공존하는 전장의 방법론 모두로부터 면제된다. 드론의 이 독특한 특성은 전쟁을 해석하는 법적 체계를 위기에 빠뜨린다. 기존의 법체계에서는 살상이

전시에 벌어졌는지 평시에 벌어졌는지에 따라 해당 행위를 다르게 해석한다. 그런데 드론은 모든 지역을 잠재적 전장으로 재편하고 모든 목표물을 제거해야 할 대상으로 삼기 때문에 전통적 전쟁법은 불안정하게 동요된다. 샤마유는 이런 현실을 향해 "전쟁이 사형으로 타락했다."라고 선언한다.

폭력을 휘두를 자격이 드론에게 있는가?

신체 없이 기계적 정확성만으로 수행되는 폭력의 책임을 누구에게 물을 것인가? 샤마유는 드론을 기계적 행위자로 간주한 뒤 폭력을 휘두를 자격을 드론에게 부여해서는 안 된다고 경고한다. 살상을 물리적 대상의 파괴와 동일시함으로써 인간의 존엄성을 급진적으로 부정하는 셈이기 때문이다.

전통적 전쟁이 군인과 무기를 엄밀히 구별하던 것과 달리 드론의 위상은 불분명하다. 드론은 신체 없는 무기이면서도 사람에 의해 원격으로 조종되기 때문에 "무기와 군인, 도구와 행위자, 사물과 사람이 하나로 융합된 단일한 실체"다. 오늘날 탈인간중심주의 인문학에서 드론이 긴요한 성찰의 대상이 된 이유 또한 드론 특유의 모호한 정체성이 불러온 광범위한 파급력 때문일 것이다.

그레구아르 샤마유
(Grégoire Chamayou, 1976~)

- 관련 인물

| + | + | + |
| 미셸 푸코 | 이마누엘 칸트 | 발터 베냐민 |

- 분야: 정치 철학, 군사 외교사, 기술 연구
- 사상: 폭력, 주권, 주체에 관한 비판 철학
- 주요 활동·사건: 프랑스국립과학연구소 합류

프랑스국립과학연구소 소속의 정치 철학자다. 1976년 프랑스 루르드에서 출생해 퐁트네·생클루고등사범학교를 졸업했다. 리옹고등사범학교 수사학·철학·사상사연구소에 철학 연구원으로 재직했으며 현재 파리낭테르대학교에서 강의를 겸하고 있다. 의학사, 전쟁론, 기술 철학, 근현대 정치학 및 사회사 등 다양한 분야에 관심이 있다. 최근에는 데릭 그레고리, 리사 파크스 등과 더불어 드론 연구를 주도하고 있다. 특히 드론의 영향이 폭력, 주권, 주체에 관한 비판 철학의 전통에서 어떻게 해석되는지를 질문한다는 점에서 다른 이론가들과 구별된다.

이 특유의 관점은 첫 저서 『인간사냥』(2010)에 잘 나타나 있다. 『인간사냥』에서는 고대 그리스 철학부터 현대 자본주의에 이르기까지 인간이 추적·포획·살해되어 온 역사를 추적하며 이런 현상을 낳은 권력을 '사냥 권력'이라고 명명한다. 사냥 권력으로 인해 주체는 자신을 대상으로 삼는 사냥꾼의 시선과 힘을 내면화함으로써 사냥감으로 구성된다. 사냥 권력은 주인과 노예의 변증법을 넘어선 비대칭적 권력으로, 주체로 하여금 언제나 추적 또는 추방될 수 있다는 불안감을 조장함으로써 통치한다. 『드론 이론』(2013)에서 드론이라는 소재에 주목하는 까닭 또한 드론이 단순히 첨단 기술일 뿐만 아니라 사냥 권력의 비대칭성을 효과적으로 수행하기 때문이다. 이 점에서 『드론 이론』은 『인간사냥』의 문제의식을 충실히 계승하고 확장한다고 볼 수 있다.

푸코가 제시한 '사목 권력'을 보충하는 또 하나의 권력 개념으로 사냥 권력을 제시한다. 푸코는 '양 떼를 돌보는 목자'라는 관념이 아브라함에서 비롯해 중세 기독교 철학을 거쳐 근대 국가의 통치술로 연장되는 과정을 설명하고자 사목 권력이라는 개념을 고안한 바 있다. 샤마유는 히브리 전통에서 아브라함과 니므롯이 각각 사목 권력과 사냥 권력을 대표한다고 지적하며 푸코의 논의를 넘어선다.

그 밖에 《르몽드 디플로마티크》를 비롯한 여러 매체에 기고했으며 마르크스, 조너선 크래리 등의 저서 다수를 프랑스어로 옮겼다.

• 「드론과 가미카제, 거울 속 이미지: 무인 정찰기에 관한 철학적 고찰」, 조은섭 옮김, 《르몽드 디플로마티크》 2013년 3월호(통권 55호), 3면.

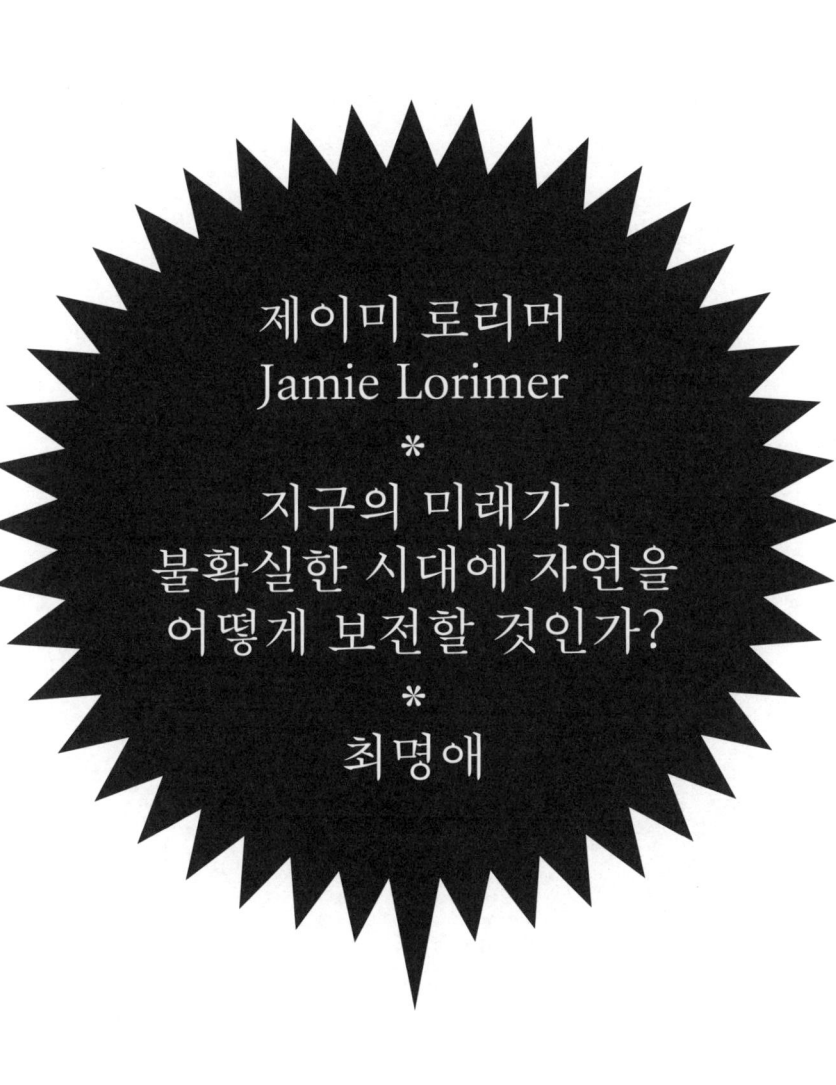

네덜란드 암스테르담 교외의 우스트바더스플라센(Oostvaadersplassen, OVP)은 1968년 완공된 간척지다. 산업 용지로 야심차게 조성된 이 땅은 이후 농업 용지가 됐지만 끝내 쓰임새를 찾지 못한 채 버려졌다. 그런데 쓸모없어진 간척지에 회색 기러기들이 찾아오기 시작했다. 이어 물새들이 나타났고 저어새 같은 희귀종도 출몰했다. 네덜란드 정부는 1986년 OVP를 국가 자연 기념물로 지정하고 자연 복원 계획을 수립했다. OVP 복원 담당 기관은 산림청, 복원 총책임자는 고생태학자이자 보전 운동가인 프란츠 베라였다.

베라는 소와 말을 풀어놓는 것으로 OVP 자연 복원 활동을 시작했다. 고대의 멸종한 소와 말에 가장 가까운 종을 일부러 찾아서 동물원에서 데려왔다. 1992년에는 붉은 사슴도 들여왔다. 소, 말, 사슴은 과거 OVP에 서식하던 종이기도 했지만, 베라는 이들이 물새처럼 초식 동물이라는 점에 주목했다. 이들의 섭식 행위가 처음에는 곤충을, 이후에는 장기간에 걸쳐 크고 작은 초식 동물을, 나아가 육식 동물까지 불러들일 것이라고 예상했기 때문이다. 베라는 이로써 생태계 먹이 그물을 다시 만들어 낼 수 있을 것으로 기대했다. 소와 말을 도구로 복원 프로세스를 촉진해 OVP 생태계를 회복하겠다는 뜻이었다.

환경 지리학자 제이미 로리머는 베라의 원대한 꿈에서 전 지구적 생태 위기를 헤쳐 나갈 새로운 희망을 읽어 낸다. 베라와 그의 동료들이 제시한 '재야생화(rewilding)'는 자연을 보전하려는 기존의 시도들과 달리 인간-자연의 역동적이고 탐색적이고 민주적인 관계에 기반하기 때문이다.

야생 보전에서 재야생화로

자연 보전은 인문 지리학을 포함한 사회 과학에서 오랫동안 다뤄 온 주제다. 어떤 자연을 어떻게 보전할 것이냐는 문제는 인간 사회가 자연 환경을 이해하고 이와 관계 맺는 다양한 방식을 드러낸다. 20세기 자연 보전에 대한 논의와 실천은 주로 '야생' 보전의 관점에서 이뤄졌다. 인간의 손이 닿지 않은 원시의 자연이 존재한다는(또는 존재해야 한다는) 상상, 산업화와 제국주의로 인한 자연 지역과 생물 종의 급격한 소실 등은 보호 구역을 지정해 생물 종 다양성을 보전하려는 목표를 만들어 냈다. 그러나 코끼리나 호랑이 같은 대형 야생 동물을 보호하려는 과정에서 조상 대대로 거주해 온 원주민을 강제로 이주시키거나 이들의 안전과 생계를 희생시키는 상황이 발생하기도 했다.

비판적 사회 과학자들은 야생 담론에 기반한 보전 전략의 문화적·정치적 문제점과 이로 인해 발생하는 정치적·경제적 불평등을 드러내는 데 주력했다. 로리머는 비인간 자연의 행위성과 인간과 자연 사이의 복잡한 권력 관계에 주목함으로써 야생 보전에 국한된 기존의 논의를 넘어서고자 했다. 기존에는 일정 지역 내 동식물의 개체 수와 그들 간의 비율을 조정하는 데 집중했다면,

최근에는 생태 프로세스의 역동성을 강조하는 새로운 방식을 모색하고 있다.

재야생화는 이 같은 새로운 보전의 방향 중 하나로, 생태 프로세스를 회복하는 데 보전의 목적을 둔다. 마지막 빙하기 이후 1만여 년에 걸쳐 지금의 자연 경관이 만들어졌듯 생태 프로세스를 활성화해 자연을 복원할 수 있다고 보는 것이다. 이를 위해 인간의 간섭을 전면 중지하기도 하고, OVP의 사례처럼 초식 동물을 도입하기도 한다. 1995~1996년 미국 옐로스톤 국립공원에 도입된 늑대는 재야생화의 목적을 잘 보여 준다. 공원 측에서는 당시 멸종 상태에 이르렀던 늑대를 도입해 지나치게 불어난 말코손바닥사슴의 개체 수를 조절하고, 생태 네트워크를 연결해 그 프로세스를 활성화하고자 했다.

OVP는 유럽에서 시행된 재야생화의 대표 사례다. 몇몇 환경 운동가와 생태학자들은 OVP가 보전의 새로운 미래가 될 것이라고 환영했다. 재야생화는 농촌 인구 감소로 버려진 농경지나 동유럽의 옛 산업 지역을 값싸게 복원할 수 있는 유용한 제안으로 여겨졌다. 그러나 실제로는 보전 운동가, 동물 운동가, 생태학자, 지역 주민들로부터 더 큰 반대에 부딪혔다. 보전 운동가들은 베라가 생태적 가치가 높은 희귀종을 별도로 관리하지 않은 채 희귀종 서식지로서 OVP의 가치를 훼손한다고 우려했다. 생태학자들은 생태 프로세스에 대한 베라의 가설을 신뢰하지 않았고, 동물 운동가들은 OVP의 소와 말들이 추위에 굶어 죽고 있다며 네덜란드 산림청과 베라를 고소했다.

대담한 실험을 통한 새로운 미래

로리머는 OVP의 사례를 통해 인간-자연 관계가 근대적 이분법 외부에 존재한다는 사실을 읽어 낸다. OVP의 재야생화는 근대적 자연 보전의 근간을 이루는 자연-사회, 사육-야생의 이분법적 범주로 귀속되지 않는다. OVP는 인간의 행위로 만들어졌지만 새, 소, 말이 자유롭게 먹이 활동을 하는 자연의 공간이다. 또한 OVP의 소와 말은 동물원에서 데려온 사육 동물임과 동시에 OVP에서 오랫동안 먹이 활동을 해 온 야생 동물이기도 하다.

베라와 동료들은 OVP의 미래를 예단하지 않는다. 이들은 동물과 인간의 활동, 생태 프로세스가 전개되는 상황 등에 따라 OVP가 얼마든지 새로운 모습이 될 수 있다고 생각한다. 뜻밖의 상황을 생태 프로세스의 일부로 받아들이고 억지로 제거하거나 교정하려 들지 않는 것이다. 로리머는 이 같은 탐색적 접근이 기존의 자연 보전 전략과 근본적으로 다르다고 주장한다. 기존에는 생물 종을 위계화하고 예상 밖의 결과를 예외로 무시하는 등 자연에 인위적 질서를 부여하고자 했기 때문이다.

실제로 OVP는 베라와 동료들이 전혀 예측하지 못한 방향으로 변화했다. 소와 말들은 기존의 개체와 다른 행동과 습성을 갖춰

갔고, 난데없이 흰꼬리수리가 해수면 아래에 둥지를 틀기도 했다. 어느 해 겨울에는 300여 마리에 이르던 희귀종 저어새가 갑자기 사라져 OVP 실험을 중단하라는 압력을 받기도 했다. 그러자 네덜란드 정부에서는 OVP 관리 문제를 해결하고자 두 차례 위원회를 구성했고, 시민들은 방조제에서 OVP의 실상을 영상으로 촬영해 인터넷에 업로드하기 시작했다.

로리머는 OVP를 둘러싼 공론화 과정에서 자연을 보전하는 문제를 더욱 민주적으로 논의하는 방식을 읽어 낸다. 생물 다양성을 보전하려는 기존의 전략은 전문가들의 생물 가치 평가, 국가-지방-지역으로 내려오는 하향식 실천 계획 등으로 구성된 폐쇄적 체계다. 하지만 OVP를 둘러싼 논의는 다양한 구성원들이 저마다의 방식으로 공론화에 참여해 새로운 보전 전략을 가능하게 한다는 점에서 한결 열린 체계다. 이런 점에서 로리머는 재야생화를 '대담한 실험(wild experiment)'으로 새롭게 이해하고자 한다. 재야생화를 통해 뜻밖의 생태적 사건과 새로운 생태적 지식을 생산하고 탐색할 수 있기 때문이다.

인류세의 자연 보전

재야생화에 대한 로리머의 관심은 1990년대 이후 인문 지리학에서 다뤄 온 '자연의 종말' 논의의 연장선상에 있다. 기후 변화, 멸종 위기, 환경 오염 등 인간 사회의 자연 착취가 가속화되면서 인간의 손이 닿지 않은 '원시의 자연'은 이미 종말을 맞았다는 것이다. 그런데 로리머는 전문가, 과학 지식, 대중적 상상 등을 통해 이해되는 '자연(Nature)'과 비전문가, 원주민, 신체적 지식, 비인간 행위자 등을 통해 알 수 있는 '자연들(natures)'을 구분한다. 또한 자연이 고정되거나 불변하지 않으며 행위자-연결망의 수행에 따라 다양한 형태로 새롭게 만들어질 수 있다고 생각한다. 기존의 자연 보전이 하나의 고정된 이상적 자연을 상정한 채 이를 회복하거나 지키는 데 주력한다면, 재야생화는 다양한 인간 및 비인간 행위자의 활동을 통해 복수의 자연들을 생성할 수 있다는 전제에서 출발한다. 로리머에게 재야생화란 때로는 예상할 수 있지만 때로는 당혹스러운 미래의 가능성을 실험적으로 탐색하는 새로운 인간-자연 관계의 장이다.

인간-자연 관계에 대한 로리머의 탐색적 접근은 세계의 불확실성과 변덕스러움을 강조하는 최근의 인류세 논의와 결합할 때 한층 유용하다. 인류세는 2000년대 초반 지구 시스템 과학자들과 지질학자들이 제기한 개념으로, 인간의 행위가 지구 환경을 바꾸는 근본적 동력이 되었음을 드러낸다. 로리머는 인류세 논의가 상기하는 지구 시스템의 불확실성과 비선형성을 감안해 재야생화가 인류세의 새로운 환경주의를 보여 준다고 주장한다. 지구의 미래가 불확실한 시대에는 인간이 자연에 질서를 부여하겠다는 욕망과 관성을 버려야 한다. 로리머는 그 대신 소가 풀을 뜯어 먹는 행위처럼 다양한 행위자가 저마다의 본성과 역량을 발휘하도록 유도하고, 그 결과가 선사하는 미래의 모습을 열린 태도로 탐색해 보자고 제안한다. 로리머는 이 겸허하면서도 대담한 실험을 통해 자연의 종말과 인류세를 헤쳐 나가고자 한다.

제이미 로리머
(Jamie Lorimer, 1979~)

- 관련 인물

+	+	+	◇
도나 해러웨이	세라 와트모어	애나 칭	스티브 힌츨리프

- 분야: 인문 지리학, 자연-사회, 동물 지리학, 사회 이론
- 사상: 다자연 지리학, 인간 너머의 지리학
- 주요 활동·사건: 스승 세라 와트모어와의 만남(2005), KAIST 인류세연구센터 국제 심포지엄 참석(2019)

1979년 영국 출생의 인문 지리학자로, 인간-자연 관계를 다루는 환경 지리학 분야에서 크게 주목받고 있다. 브리스톨대학교 지리학과에서 박사 학위를 받았고, 2012년부터 옥스퍼드대학교 환경지리학과 교수로 재직하고 있다. 인간 너머의 지리학을 주창한 와트모어의 수제자로, 과학 철학, 통치성 이론, 인류세 논의 등을 결합해 인간 너머의 지리학의 이론적·학제적 외연을 확장하고 있다.

비인간 행위성과 비재현적 소통을 강조하는 인간 너머의 지리학, 해러웨이의 과학 철학, 통치성 이론 등을 폭넓게 횡단하며 인간-자연의 얽힘과 새로운 정치적·윤리적 관계를 모색한다. 특히 신유물론의 존재론적 전회를 지리학의 인간-자연 관계 연구에 적용해 '다자연 지리학'으로 발전시켰다. 이로써 자연을 인간 사회의 외부에 독립적으로 존재하는 고정된 실체로 보지 않고, 인간 및 비인간 행위자의 네트워크의 수행을 통해 특정하고 다양한 방식으로 실연(enactment)되는 다중적 존재로 이해하고자 한다.

사변적이고 이론적인 인간 너머의 지리학을 인류학적 현장 연구와 결합해 비인간 행위성, 비재현적 소통, 존재론적 전환과 같은 개념과 이론이 실제 인간-자연 관계에 어떻게 영향을 미치는지를 생생하게 탐색했다는 점에서 특히 주목을 받는다. 지난 15년여간 영국의 생물 다양성 보전 논의, 스리랑카 코끼리 보전과 생태 관광, 네덜란드 우스터바더스플라센 재야생화 등을 사례로 현장 연구를 실시해 왔다.

최근에는 연구 영역을 야생 동물에서 세균으로 확장해 인간-세균의 변화하는 관계에 관심을 두고 있다. 세균은 오랫동안 위생을 위해 제거해야 하는 대상으로 여겨졌지만, 요즘에는 유산균 같은 유용한 세균을 인체에 적극적으로 재도입하려는 시도들이 있다. 로리머는 유럽과 북미의 프로바이오틱스 논의를 살펴봄으로써 인간-세균 관계가 죽임과 배제뿐 아니라 살림과 공생 역시 포함하고 있음을 포착해 낸다. 저서로 『인류세의 야생 동물』(2015), 『친생물적 행성』(근간) 등이 있다.

저자 및 작가 약력

김숙진　　　건국대학교 지리학과 교수로 있다. 미네소타대학교에서 지리학 박사
　　　　　　학위를 받았다. 자연과 사회 관계, 인류세, 문화 지리, 세계 유산에 관심을
　　　　　　두고 있다. 「행위자-연결망 이론을 통한 과학과 자연의 재해석」(2010),
　　　　　　"Mad Cow Militancy: Neoliberal Hegemony and Social Resistance in South
　　　　　　Korea"(공저, 2010), 『네트워크의 지리학』(공저, 2015), 「아상블라주의
　　　　　　개념과 지리학적 함의」(2016) 등을 썼다.

김은주　　　서울시립대학교 도시인문학연구소 연구 교수로 있다. 이화여자대학교
　　　　　　철학과에서 들뢰즈와 브라이도티에 관한 연구로 박사 학위를 받았다.
　　　　　　포스트휴먼 시대의 윤리학과 페미니즘에 관심을 두고 있다. 『생각하는
　　　　　　여자는 괴물과 함께 잠을 잔다』(2017), 『여성-되기: 들뢰즈의 행동학과
　　　　　　페미니즘』(2019), 「들뢰즈의 존재론적 시간과 '우발적 미래들'의
　　　　　　역설」(2020) 등을 쓰고, 『트랜스포지션: 유목적 윤리학』(공역, 2011),
　　　　　　『페미니즘을 퀴어링!: 지금 우리에게 필요한 페미니즘 이론, 실천,
　　　　　　행동』(공역, 2018) 등을 우리말로 옮겼다.

김종갑　　　건국대학교 영어영문학과 교수이자 몸문화연구소 소장으로 있다.
　　　　　　루이지애나주립대학교에서 수사학에 대한 연구로 박사 학위를 받았다.
　　　　　　몸에 대한 이론, 포스트휴머니즘, 생태학, 인류세에 관심을 두고 있다.
　　　　　　『혐오, 감정의 정치학』(2018), 「감정 노동과 감정 착취: 약함의 공동체와
　　　　　　강함의 공동체」(2018), 「외모 지상주의와 타자의 아름다움」(2019),
　　　　　　『당하는 여자, 하는 남자: 침대 위 섹슈얼리티 잔혹사』(2020) 등을 쓰고,
　　　　　　『말, 살, 흙: 페미니즘과 환경 정의』(공역, 2018) 등을 우리말로 옮겼다.

김종미　　　코번트리대학교 문화미디어학과 부교수로 있다. 런던정경대학교에서
　　　　　　한국의 여성성과 소비문화를 글로벌 미디어와 정체성 변화의 관점에서
　　　　　　연구해 사회학 박사 학위를 받았다. 동아시아의 새로운 여성성, 성형
　　　　　　수술을 중심으로 한 의료 관광, 초국가적 가족, 디지털 미디어에 관심을
　　　　　　두고 있다. "Is 'the Missy' a New Femininity?"(2011), *Women in South Korea:*
　　　　　　New Femininities and Consumption (근간) 등을 썼다.

김지훈   영화미디어학자이며 중앙대학교 교수로 있다. 뉴욕대학교에서 영화 연구로 박사 학위를 받았다. 영화 이론, 실험 영화·비디오·다큐멘터리, 디지털 영화·미디어, 무빙 이미지 미술에 관심을 두고 있다. 「차원적 이미지의 미디어 고고학: 전-영화적 테크놀로지, 비디오, 디지털」(2014), *Between Film, Video, and the Digital: Hybrid Moving Images in the Post-media Age* (2016)를 쓰고, 『질 들뢰즈의 시간 기계: 영화를 읽는 강력한 사유, 〈시네마〉에 대한 예술 철학적 접근』(2005), 『북해에서의 항해: 포스트-매체 조건 시대의 예술』(2017)을 우리말로 옮겼다.

김환석   국민대학교 사회학과 명예 교수로 있다. 런던대학교 임페리얼칼리지에서 과학 기술 사회학으로 사회학 박사 학위를 받고, 국가생명윤리심의위원회 위원, 유네스코 세계과학기술윤리위원회 위원, 한국이론사회학회 회장 등을 역임했다. 과학 기술 사회학과 현대 사회 이론에 관심을 두고 있다. 『과학 사회학의 쟁점들』(2006), 「'사회적인 것'에 대한 과학 기술학의 도전: 비인간 행위성의 문제를 중심으로」(2012), 「과학 기술과 사회 연구의 동향과 전망」(2014), 『생명 정치의 사회 과학』(편저, 2014), 「사회 과학의 '물질적 전환'을 위하여」(2016), 「코스모폴리틱스와 기술사회의 민주주의」(2017), 『모빌리티 시대: 기술과 인간의 공진화』(공저, 2020) 등을 썼다.

노고운   한국외국어대학교 한국학과 조교수로 있다. 캘리포니아대학교 데이비스에서 인류학 박사 학위를 받았다. 한국과 중국을 묶는 다문화주의 및 초국적 이동, 한국과 중국을 포함한 동아시아 사회에서 벌어지는 동물, 생태, 환경 문제에 대한 현상 및 담론 분석에 관심을 두고 있다. 주요 논문으로 "Mass Media and Transnational Community: The Sense of Belonging Beyond State Borders among Korean-Chinese in the Yanbian Korean-Chinese Autonomous Prefecture"(2018), "Ecological Nationalism and the Demonization of 'Invasive' Animal Species in Contemporary South Korea"(2019) 등이 있다.

박세진   제주대학교와 성공회대학교에서 강의하고 있다. 프랑스
        사회과학고등연구원에서 사회 인류학 및 민족학 박사 학위를 받았다.
        「선물과 이름: '근본적인 인정 행위'로서의 증여」(2016), 「마음에 대한
        믿음을 문제화하기: 몸의 은유와 마음의 삼각형」(2018), *Parenté, écologie et
        histoire* (2019, 공저) 등을 썼다.

서보경   연세대학교 문화인류학과 조교수로 있다. 인류학자로서 몸의 경험을
        중심으로 삶과 정치 사이의 관계를 탐구하고자 한다. 보건 의료, 빈곤,
        이주 노동, 젠더와 섹슈얼리티, 교환 및 가치 이론에 관심을 두고 태국과
        한국에서 현장 연구를 해 왔다. 대표 논문으로 "Patient Waiting: Care
        as a Gift and Debt in the Thai Healthcare System"(2016), "Caring for
        Premature Life and Death"(2017)가 있으며, 돌봄의 윤리와 정치적 함의를
        분배 정치의 맥락에서 다룬 책 *Eliciting Care: Health and Power in Northern
        Thailand* (2020)를 썼다.

송원섭   전북대학교 지리교육과 교수로 있다. 퀸스대학교 벨파스트 지리학과에서
        지역적 근대성에 관한 연구로 박사 학위를 받았다. 문화·역사 지리학,
        문화 경관, 지리 철학에 관심을 두고 있다. 주요 논문으로 「경관
        지리학에서 경치 지리학으로: 영미권 문화·역사 지리학 경관 연구
        패러다임의 전환」(2015), "Peace as a Precarious Process: Interpreting
        Local Conflict through Lineage-based-Villages of Korea"(2016), 「한국
        동족 마을의 경관 변화: 경상북도 달실마을의 숨겨진 지리적 차원을
        중심으로」(2019) 등이 있다.

심효원   한국예술종합학교 박사후 연구원으로 있다. 연세대학교 대학원
        비교문학협동과정에서 전영화사 미디어 연구로 박사 학위를 받았다.
        미디어의 문화적·사회적·자연적 순환을 관찰하는 데 관심이 있다.
        「인류세와 21세기 간학제적 접근론: 차크라바르티, 파리카, 해러웨이를
        중심으로」(2020), 「채플린 동작의 비규칙성: 20세기 포스트휴먼의 한
        가지 경우」(2018) 등을 쓰고 『평행한 세계들을 껴안기』(공역, 2018),
        『미디어의 지질학』(근간) 등을 우리말로 옮겼다.

엄태연 파리낭테르대학 인식·언어·모델화연구소 박사 과정에 있다. 베르그손 철학에서 형이상학과 과학 사이의 관계, 양자 사이에서 인간학이 수행하는 역할 등을 주제로 학위 논문을 준비하고 있다. 현대 프랑스 철학에서 시간과 절대의 문제가 다루어지는 방식에 관심을 두고 있다. 『형이상학과 과학 밖 소설』(2017), 『정신적 에너지』(2019)를 우리말로 옮겼다.

유시 파리카 사우스햄튼대학교 기술문화미학과 교수로 있다. 투르쿠대학교에서 컴퓨터 웜과 바이러스에 대한 미디어 고고학적 연구로 박사 학위를 받았다. 미디어 문화의 물질성, 과학·기술·예술의 고고학, 문화 이론에 관심을 두고 전자 쓰레기, 생태학, 디지털 예술과 문화를 연구한다. *Insect Media: An Archaeology of Animals and Technology* (2010), *What Is Media Archaeology?* (2012), *A Geology of Media* (2015)를 썼다.

유현주 연세대학교 독어독문학과 교수로 있다. 훔볼트대학교에서 독문학과에서 디지털 미학에 관한 연구로 박사 학위를 받았다. 최근에는 매체 이론 및 문화 이론에 관한 연구를 주로 진행하고 있다. 『텍스트, 하이퍼텍스트, 하이퍼미디어』(2017), 「키틀러와 젠더: 담론의 채널에서 여성은 매체와 어떻게 결합하는가」(2019), 『프리드리히 키틀러』(공저, 2019)를 쓰고, 『보이지 않는 것의 경제』(2008), 『보는 눈의 여덟 가지 얼굴: 당신은 누구의 눈으로 세상을 보고 있는가』(공역, 2015), 『축음기, 영화, 타자기』(공역, 2019) 등을 우리말로 옮겼다.

이동신 서울대학교 영어영문학과 교수로 있다. 텍사스A&M대학교에서 영문학 박사 학위를 받았다. 포스트휴머니즘, 현대 미국 소설, SF 문학에 관심을 두고 있다. 박사 논문을 바탕으로 *A Genealogy of Cyborgothic: Aesthetics and Ethics in the Age of Posthumanism* (2010)을 펴냈으며, 주요 논문으로 「좀비 반, 사람 반: 좀비서사의 한계와 감염의 윤리」(2017), 「좀비라는 것들: 신사물론과 좀비」(2017), 「망가진 머리: 인공 지능과 윤리」(2018) 등이 있다.

이준석　　　대구경북과학기술원(DGIST) 기초학부 초빙 강의 교수로 있다. 서울대학교
　　　　　　과학사 및 과학 철학 협동 과정에서 뇌과학 실험실의 융복합적 과학
　　　　　　지식 창출 메커니즘을 행위자-연결망 이론으로 연구해 박사 학위를
　　　　　　받았다. 행위자-연결망 이론과 객체 지향 존재론 및 신유물론에 관심을
　　　　　　두고 있다. 주요 논문으로 「행위자-연결망 이론과 사변적 실재론의 접점:
　　　　　　'해석적 유연성' 개념으로 본 '책임 있는 연구와 혁신」(공저, 2016), 「사회
　　　　　　이론의 물질적 전회: 신유물론, 그리고 행위자-네트워크 이론과 객체 지향
　　　　　　존재론」(공저, 2019) 등이 있다.

임소연　　　숙명여자대학교 글로벌거버넌스연구소 연구 교수로 있다. 서울대학교
　　　　　　과학사 및 과학 철학 협동 과정에서 과학 기술학으로 박사 학위를 받았다.
　　　　　　페미니스트 과학 기술학, 인간 향상 기술과 몸, 성형 수술, 이공계 여성 연구
　　　　　　등에 관심을 두고 있다. 『과학 기술의 시대 사이보그로 살아가기』(2014),
　　　　　　"The Anxious Production of Beauty: Unruly Bodies, Surgical Anxiety, and
　　　　　　Invisible Care"(2016), 「과학 기술과 여성 연구하기: 신유물론 페미니즘과
　　　　　　과학기술학 안-사이에서 "몸과 함께"」(2019) 등을 썼다.

정찬철　　　한국외국어대학교 미네르바교양대학 교수로 있다. 한양대학교
　　　　　　영화학과에서 포스트시네마에 관한 연구로 박사 학위를 받았다. 영화
　　　　　　기술 및 문화, 미디어 고고학, 미디어 기술의 문화사에 관심을 두고
　　　　　　있다. 「포스트시네마로의 전환」(2015), 「완전 영화의 테크놀로지:
　　　　　　바쟁, 시네마스코프, 공간 영화」(2019), 『디지털 시각 효과에 관한 짧은
　　　　　　역사』(2018) 등을 쓰고, 「키틀러 이후: 최근 독일 미디어 이론으로서
　　　　　　문화기술학에 관하여」(2018), 『미디어 고고학이란 무엇인가』(공역, 근간)
　　　　　　등을 우리말로 옮겼다.

주윤정	서울대학교 사회발전연구소 선임 연구원으로 있다. 서울대학교 사회학과에서 박사 학위를 받고 서울대학교 아시아연구소 선임 연구원을 지냈다. 사회사, 질적 연구 방법론, 문화, 청년, 장애, 인간-동물 관계에 관심을 두고 있다. 주요 논문으로 「법 앞에서: 형제복지원 피해 생존자들의 해방과 기다림의 정치」(2018), 「탈시설 운동과 사람 중심 노동: 이탈리아의 바자리아법과 장애인 협동조합 운동」(2019) 등이 있다.
차은정	서울대학교 사회과학연구원 선임 연구원으로 있다. 서울대학교에서 인류학 박사 학위를 받고 규슈대학교 한국연구센터 방문 연구원, 히토쓰바시대학교 객원 연구원을 역임했다. 『지구화 시대의 문화 정체성』(2016)을 쓰고, 『숲은 생각한다: 숲의 눈으로 인간을 보다』(2018), 『부분적인 연결들: 문명 너머의 사고를 찾아서』(2019), 『부흥 문화론: 일본적 창조의 계보』(2020) 등을 우리말로 옮겼다.
최명애	한국과학기술원(KAIST) 인류세연구센터 연구 조교수로 있다. 옥스퍼드대학교 환경지리학과에서 한국 생태 관광의 통치성에 관한 연구로 박사 학위를 받았다. 인간 너머 지리학과 정치 생태학의 접근법을 이용해 야생 동물 보전, 생태 관광, DMZ 보전을 연구하고 있다. 주요 논문으로 「다중적 고래: 한국 장생포 고래 관광의 공간 형성」(2017), 「인류세 연구와 한국 환경 사회학: 새로운 질문들」(공저, 2019), 「다중적 환경 주체: 한국 증도 생태 관광의 통치성 분석」(2020) 등이 있다.
황희선	서울대학교 인류학과 박사 과정에 있다. 토종 작물과 사람들이 맺는 다종적 역사와 관계를 주제로 학위 논문을 준비하고 있다. 『어머니의 탄생: 모성, 여성, 그리고 가족의 기원과 진화』(2010), 『가능성들: 위계·반란·욕망에 관한 에세이』(2016), 『마지막으로 할 만한 멋진 일』(2016), 『해러웨이 선언문: 인간과 동물과 사이보그에 관한 전복적 사유』(2019)를 우리말로 옮겼다.

변영근   수채화를 통해 일러스트레이션과 만화의 경계에서 작업하고 있다. 그래픽 노블 『낮게 흐르는: Flowing Slowly』(2018)을 비롯해 독립 출판물을 다수 펴냈다. 그 밖에 알마의 '포비든 플래닛' 시리즈, 미메시스의 '테이크아웃' 시리즈 등 그림이 필요한 다양한 매체와 협업하고 있다.

이부록   서울대학교에서 동양화를 전공했다. 인사미술공간 등에서 개인전을 열었고, 《예술의 새로운 시작: 신호탄》(국립현대미술관 서울관 부지, 2009), 《개성공단 사람들: 교토 익스페리먼트 2019》(교토아트센터, 2019) 등 다수의 기획전에 참여했다. 『기억의 반대편 세계에서: 워바타』(2012), 『세계 인권 선언』(2012) 등 책 작업에도 참여했다.

이정호   홍익대학교 미술대학에서 시각디자인을 공부했고, 그래픽 디자이너로 일하다 일러스트레이터로 활동하고 있다. 다양한 매체와 책에 그림을 그렸으며, 2016년 직접 쓰고 그린 첫 작품집 『산책』으로 영국 일러스트레이터협회(AOI)가 주관하는 월드 일러스트레이션 어워즈에서 최고영예상을 수상했다. 2019년 두 번째 책 『시간』을 펴냈다.

21세기 사상의 최전선
전 지구적 공존을 위한 사유의 대전환

1판 1쇄 펴냄 2020년 5월 15일
1판 3쇄 펴냄 2022년 4월 20일

글	김숙진, 김은주, 김종갑, 김종미, 김지훈, 김환석, 노고운, 박세진, 서보경, 송원섭, 심효원, 엄태연, 유시 파리카, 유현주, 이동신, 이준석, 임소연, 정찬철, 주윤정, 차은정, 최명애, 황희선
그림	변영근, 이부록, 이정호
발행인	김봉소, 조성진
발행처	㈜이감
출판 등록	2012년 7월 27일(제2018-000164호)
주소	(06779) 서울시 서초구 강남대로16길 3 아산벤처타워 3, 4층
전화	02-567-9507
팩스	02-567-9509
이메일	literacy@2sens.co.kr
디자인	일상의실천

ⓒ ㈜이감, 2020. Printed in Seoul, Korea
ISBN: 979-11-5869-537-8(03100)

이성과감성은 ㈜이감의 교양지식 단행본 브랜드입니다.
이 도서는 저작권법에 따라 보호를 받는 저작물이므로
무단 전재와 무단 복제를 금합니다.

이 도서의 국립중앙도서관 출판예정도서목록(CIP)은
서지정보유통지원시스템(http://seoji.nl.go.kr)과
국가자료종합목록구축시스템(http://kolis-net.nl.go.kr)에서
이용하실 수 있습니다. (CIP제어번호: CIP2020015056)